신지영 교수의
언어감수성 수업

신지영 교수의
언어감수성
수업

신지영 지음

관계의
거리를 좁히는
말하기의 힘

ℐNFLUENTIAL
인 플 루 엔 셜

"말을 잘하면 행복해진다!"

내가 정리한 이 책의 한 줄 핵심이다. 우리는 말로 관계를 맺고 말로 관계를 유지한다. 그리고 행복은 함께하는 사람들과의 좋은 관계에서 비롯된다. 그러니 행복해지고 싶다면 말을 잘해야 하지 않을까? 무뎌진 언어감수성을 다시 깨울 수 있다면 언어가 달라지고, 관계가 달라지며, 행복이 차오를 것이다. 이 책을 읽어야 할 이유다.

― **최인아** | **최인아책방 대표**

수직적인 소통으로 유지되던 권위주의 시대를 지나, 이제 각 개인이 상호 네트워크의 힘으로 자립하는 핵개인의 시대에 들어섰습니다. 세상은 이렇게 변했지만 우리의 언어 습관에는 여전히 이전 시대의 세계관이 보이곤 합니다. 이를 현재에 맞게 바로 잡지 않는다면 새 세대와의 갈등을 피할 수 없을 것입니다. 지능을 가진 모둠살이 종인 인간에게 타인과의 교류는 필연적입니다. 그런 삶 속에서 이런 의도치 않은 갈등을 피하고, 언어가 가진 네트워크의 힘을 갖고 싶은 모든 분에게 일독을 권합니다.

― **송길영** | 《**시대예보**》 **저자, 마인드 마이너**

'말 한마디로 천 냥 빚을 갚는다'라는 오래된 속담을 좋아한다. 언젠가부터는 오히려 아주 현대적인 속담이라고까지 생각하게 되었다. 요즘은 삶에 있어 중요하다 싶은 것들을 돈으로 환산해 그 가치를 알려주곤 하니까. 근육 1킬로그램은 천여만 원의 가치를 가진다, 이런 식으로 말이다.

아주 좋은 말 한마디는 천 냥의 가치를 지닌다. 이 책은 그 천 냥짜리 '말 한마디'를 알려준다. 저자의 언어감수성 수업을 통해 자신의 말버릇을 돌아보며, 좋은 버릇은 더욱 키우고 나쁜 버릇은 얼른 고칠 수 있기를 바란다. 그렇게 값비싼 말을 구사할 줄 알게 된다면, 당신은 그 누구도 부럽지 않은 백만장자가 될 것이다. 이 말을 내가 돈보다 더 좋아하는 가치로 환산해 다시 말해 보겠다. "모두가 당신을 사랑하게 될 것이다."

— 요조 │ 뮤지션, 작가

언어감수성으로
행복해진 세상을 그리며

'언어감수성 향상 프로젝트'라는 부제가 달린 《언어의 높이
뛰기》를 출간한 덕분인지 최근 들어 '언어감수성'이라는 말이
우리 사회 곳곳에서 자주 들린다. 언어에 대한 민감도를 높여
서 평소 무심코 쓰는 말에 차별과 불평등이 숨어 있지는 않은
지 살피는 사람이 많아진 것 같아 내심 기쁘다.

사실 이 말을 처음 떠올린 것은 2000년대 초반이었다. 벌써
20년이 지났다. 그즈음 '피부가 좋으시네요', '동안이세요'가 새
로운 인사말로 등장했고, '도자기 피부', '동안 미모'와 같은 새로
운 표현들이 보이기 시작했다. 고화질 방송과 텔레비전의 대형
화가 방송 출연자들의 피부 상태를 적나라하게 보여 주면서 사

람들이 피부와 주름살에 예민해지기 시작한 탓이었다. 피부에 예민해진 사람들은 좋은 피부를 갖기 위해 많은 시간과 돈을 투자했고, 그런 사회상은 언어에 고스란히 반영되었다.

이런 변화를 흥미롭게 지켜보던 나는 언어학자로서 엉뚱한 생각을 하게 되었다. 사람들을 피부 말고 언어에 주목하게 하면 어떨까? 피부처럼 언어에도 예민해지게 해서 언어를 가꾸게 하면 어떨까 하는 생각이었다. 그렇게 해서 만든 말이 바로 '언어감수성'이다. '피부감수성 말고 언어감수성!'이 내가 만든 구호였다. 당시 막 사용되기 시작한 '인권감수성'이라는 표현을 따라 '언어감수성'이라는 말을 만들고 뿌듯해했던 기억이 새롭다.

하지만 이 말이 우리 사회에 퍼지는 데는 긴 시간이 걸렸다. 내 지인의 반경에서만 유통되었던 까닭이다. 사람들이 언어감수성을 가졌으면 좋겠다고만 생각했을 뿐, 나를 번거롭게 하는 일들은 피하고 싶었다. 안전한 학교를 두고 세상의 평가에 굳이 나를 내놓을 이유가 없었던 탓이다. 어쩌면 두려웠던 것도 같다. 조금 잘하는 일이 생기니 안 해본 일에 도전했다가 못하는 나를 만나고 싶지 않았던 것이다. 깊은 성찰을 통해 아프게 깨달으면서 조금씩 용기를 냈다. 전공 영역을 벗어나 더 넓은 독자들을 대상으로 책을 출간했고, 언론 인터뷰는 물론 대중 강연과 방송 출연도 마다하지 않았으며, 팟캐스트도 시작했다.

덕분에 '언어감수성'이라는 개념이 우리 사회에 퍼지게 되었다.

 그런데 이번에는 다른 절실함이 생겼다. 우리 사회가 갖는 말에 대한 이중적인 태도 때문이었다. 우리는 귀에 못이 박힐 만큼 말이 중요하다는 이야기를 많이 들어왔다. 하지만 말에 대한 사람들의 '생각'과 '행동'에는 엄청난 간극이 존재한다. 말이 중요하다고 생각해서 잘하고는 싶어 하지만 실제로 말을 잘하기 위해 공부하고 노력하지는 않는다. 말을 중요하게 생각하는 게 진심인지 의심이 들 지경이다.

 그 배경에는 말의 중요성에 대한 너무나 추상적이고 당위론적인 접근이 있다. 말이 중요하다고는 하지만 "왜 말이 중요한가요?"라고 질문한다면 막상 정확히 답변하지 못한다. 마찬가지로 "왜 말을 잘해야 하죠?" 혹은 "말을 잘한다는 게 도대체 뭔가요?"라고 질문한다면 대부분 어떻게 답을 해야 할지 몰라 난감할 것이다.

 말뿐이 아니다. 우리는 살면서 중요하다고 생각하는 많은 것에 대해 그 이유를 촘촘히 따지지 않는 경향이 있다. 너무 당연하게 여긴 나머지 '왜'를 묻지 않기 때문이다. 말이 왜 중요한지 구체적인 이유를 찾으려는 노력을 하지 않고 그냥 '말은 중요해, 그러니 잘해야지'라고만 생각한다. 이런 당위론적 함정이 우리로 하여금 중요한 것을 돌보지 않게 한다. 말이 중요하니 잘하고는 싶어 하지만 정작 왜 중요한지, 왜 잘해야 하는지를 정확히 인식하지 못하니 절실하지 않다.

　오랫동안 언어를 연구하면서 나는 모든 관계의 중심에 말이 존재한다는 것을 깨달았고, 말이 관계에서 자석이 되기도 하고 용수철이 되기도 한다는 것을 확인했다. 그리고 우리 주변에는 자석이 되는 말보다는 용수철이 되는 말이 더 많다는 것을 직면했다. 또, 모두 따뜻한 말을 듣고만 싶어 할 뿐 정작 온기 어린 말을 하지는 못하고 있음을 알게 되었다. 이런 말하기가 외로운 사람들을 만들고, 그 외로운 사람들이 행복하지 않은 대한민국을 만들고 있다는 결론에 이르게 되었다.

　이런 결론을 내리기까지 마음은 무거웠지만, 그 덕에 그간 말을 연구하고 사람들의 언어생활을 살피며 깨달은 것을 세상과 나누어 소통이 잘되는 대한민국, 그래서 더 행복한 대한민국을 만드는 데 기여해야 한다는 소명감이 더욱 커졌다. 그리고 그 소명감은 간절한 마음으로 이 책을 쓰게 한 동력이 되었다.

　관계의 문제가 화두인 요즘, 말로 인한 갈등과 불통 때문에 어려움을 느끼는 사람들이 많다. 이 책을 통해 우리의 일상에서 만나는 다양한 말하기 장면을 성찰하고 촘촘히 들여다보면서 더 행복한 삶을 위해 어떤 말로 사람들과 관계를 맺어가야 하는지를 이야기하고 싶었다. 이를 위해 '언어감수성'을 가져야 한다는 것이 바로 이 책의 핵심이다.

또한 이전의 책들이 올바른 언어생활에 대한 거시적인 방향성을 제시했다면 이번에는 일상에서 만나는 다양한 언어적 문제와 그 해결책에 초점을 맞춰 보았다. 일상의 대화는 물론, 직장 내 호칭 문제, 세대 간 소통법, 수평적인 조직 문화를 만들기 위해 갖춰야 할 언어적 요소들, 불통의 상황을 극복하는 요령, 지양해야 할 연령 차별 표현 등 좋은 관계를 맺고 궁극적으로는 행복에 이를 수 있는 실용적인 방법들을 더 많이 풀어내려 애썼다. 간절한 마음을 담아 쓴 만큼 더 많은 사람에게 이 책의 목소리가 가 닿기를 바란다.

책을 내는 일은 세상과 만나는 일이다. 그래서 늘 설레고 두렵다. 책을 통해 맺게 되는 인연들을 생각하면 부푼 기대로 가슴이 설레지만, 존재조차 알려지지 않고 사라지지는 않을지 두렵기도 하다. 그간 두 권의 책이 세상과 만났고 다행히 많은 사랑을 받았다. 그 덕분에 오늘 대중을 향한 세 번째 책을 내놓을 수 있게 되었다. 《언어의 높이 뛰기》를 내고 3년 만이다. 《언어의 줄다리기》를 내고 3년, 《언어의 높이뛰기》를 내고 또 3년. 의도하지는 않았지만 3년의 주기로 책을 내고 있다.

돌이켜 보면 3년이란 내게 새로운 도전과 성장을 위해 요구되는 시간인 듯하다. 처음 대중서를 내기 위해 준비했던 시간도 3년이었다. 그 3년은 새로운 도전을 위해 세상 곳곳에 산재한 언어 문제들을 속속들이 직면해 가는 시간이었다. 두 번째 책을 내기 위한 3년은 내가 만난 세상의 언어 문제들을 '언어 감수성 프로젝트'라는 슬로건하에 본격적으로 풀어보는 시간이었다. 유독 언어에 대한 민감도가 부족한 우리 사회의 면면을 살피며, 사람들이 예민한 시선으로 이 시대의 언어를 살필 수 있도록 다양한 시도를 했다. 그리고 세 번째 책을 내기 위한 지난 3년은, 그간 이어온 도전과 시도 속에서 만난 언어 문제의 해법을 보다 많은 이와 공유해야겠다는 목표가 뚜렷해지는 시간이었다. 그러니 이 책의 출간은 또 다른 3년의 새로운 도전과 성장의 시작이 될 것이다.

이 책이 세상에 나올 수 있었던 것은 전적으로 인플루엔셜의 한성수 이사님 덕분이다. 따뜻한 격려의 말로 나를 끊임없이 응원해 준 한성수 이사님께 깊이 감사드린다. 아울러 이 책에 무한한 지지와 응원을 보내 주신 인플루엔셜의 서금선 전무님과 문태진 대표님께도 감사한 마음을 전한다.

추천사를 써 주신 세 분께도 깊이 감사드린다. 최인아책방의 최인아 대표님, 《시대예보》의 저자 송길영 작가님, 그리고 가수이며 작가인 요조 님. 매력적인 세 분의 추천사를 한꺼번에 받을 수 있는 행운의 주인공이 되었다. 삶과 일이 모두 아름다운 세

분과 동시대를 함께 살아가며 보고 들으며 배울 수 있어 기쁘다.

또 이 책을 쓰는 데 많은 영감을 주었을 뿐 아니라 따뜻한 말이 무엇인지 듣고 배울 수 있게 해 준 옥스퍼드 대학교의 조지은 교수님께 감사드린다. 나와의 소통에서 보여 준 예쁘고 따뜻한 말은 내 말에도 온기를 나누어 주었다. 아직은 부족하지만 내 말에 온기가 있다면 그것은 모두 그분의 온기를 닮고자 노력한 덕분이다. 일로 만난 우리가 이제는 삶을 나누는 자매가 되었다. 이런 동생을 갖게 되어 행복하고 자랑스럽다.

이 자리를 빌려 조이향, 조수진 교수님께도 감사의 마음을 전하고 싶다. 피를 나누지는 않았지만 자매처럼 의지가 되는 든든한 분들이다. 살아 계셨다면 책의 출간을 누구보다 기뻐해 주셨을 나의 형부 이재만 변호사님께서 하늘에서 우리 세 자매의 우정을 응원해 주시리라. 그리고 나의 많은 지음들에게도 감사의 인사를 전한다. 내가 타는 거문고 소리를 듣고 '좋다!'고 해 주는 그들의 격려로 나는 한 걸음씩 나갈 수 있었다.

언어의 세계를 함께 탐험하는 사랑하는 제자들에게도 감사의 말을 전한다. 제자들의 호기심 가득, 반짝이는 눈동자 속에서 나는 신나는 탐험을 이어가고 있다. 또 제자들 덕분에 탐험의 지평이 점점 넓어지고 있다. 세상에서 가장 행복한 교수로 살아갈 수 있게 해 주는 빛나는 제자들에게 감사하다는 말을 꼭 전하고 싶다.

사랑하는 부모님과 동생들에게도 감사와 사랑을 전한다. 부모님은 나다움이 세상에 꺾이지 않고 살아갈 수 있도록 든든한 울타리가 되어 주셨다. 신송홍과 전성자의 딸로 태어난 행운 덕분에 지금까지 나는 하고 싶은 것은 하고, 하고 싶지 않은 것은 안 할 수 있었다. 또 무엇보다 부모님 덕분에 나는 사랑하는 두 동생 신지만, 신우현을 만나 세상에 없는 우애를 나누며 살고 있다. 그리고 그 동생들 덕분에 이현주, 이주연을 동생으로 맞게 되었고 네 조카 현진, 동진, 석진, 수진을 만날 수 있었다. 삶을 풍성하게 해 주는 네 명의 동생과 네 명의 조카들에게 진심으로 감사한다.

언제나 끝으로 언급되는 나의 사랑하는 남편, 유돈식 박사에게 가장 큰 목소리로 감사의 말을 전하고 싶다. 처음 만난 그 순간부터 지금까지 늘 나를 세상에서 가장 멋진 사람이라고 가슴 깊이 인정해 주는 사람이다. 덕분에 나는 그 옆에서 세상에서 가장 멋진 사람이 된다. 그 힘으로 나는 나를 믿을 수 있다. 존재 자체가 응원인 남편에게 감사의 마음을 전한다.

2024년 5월

신지영

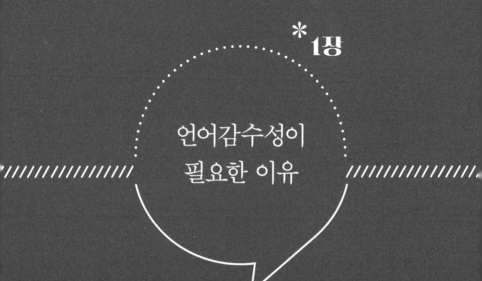

*1장

언어감수성이
필요한 이유

관계의 거리를 좁히는 언어감수성

'세상에서 가장 멀리 떨어져 있는 두 사람은 누구일까?'

소통에 대한 강연을 시작할 때 청중에게 자주 하는 질문이다. 사람들의 답이 재미있다. 가장 자주 나오는 답은 '배우자와 나'라는 답이다. 이 답이 나오면 대부분 공감한 듯 한바탕 웃음이 터진다. 어떤 이는 '등을 맞댄 두 사람'이라고 재치 있게 답하기도 한다. 또 어떤 이는 '대척점에 있는 두 사람'이라는 자못 진지한 답을 내놓기도 한다.

모두 맞는 답이다. 하지만 강연을 통해 내가 나누고자 하는 답은 '말하는 사람과 듣는 사람'이다.

언어를 연구하기 위해 사람들이 하는 말을 유심히 관찰하다
가 어느 날 문득 이런 생각을 하게 되었다. 세상에서 가장 멀리
떨어져 있는 두 사람이 있다면 그것은 말하는 사람과 듣는 사
람이 아닐까 하는.

우리는 살다가 이런 경우를 자주 겪는다. 분명히 나는 이런
뜻으로 말했는데 듣는 사람은 완전히 다른 뜻으로 해석하는
경우 말이다. 이런 상황에 처하면 우리는 보통 당황스러워하며
방어기제를 먼저 발동하게 된다. 입에서는 어느새 '아니, 그게
아니라~'라는 변명의 말이 먼저 튀어나온다. 그 변명을 들은
상대방도 당황스러워하기는 마찬가지다. 상대방도 방어기제를
발동하며 맞대응을 시작한다. 각자의 방어기제가 작동하기 시
작하면 서로의 말은 평행선을 달리게 된다. 말이 평행선을 달리
기 시작하면 화자와 청자의 접점은 사라진다.

말하는 사람과 듣는 사람이 이렇게 먼 거리를 갖게 되는 이
유는 무엇일까? 각자 이해관계가 달라서, 서로 처한 위치가 달
라서 등 여러 가지 이유를 생각해 볼 수 있겠지만, 근본적으로
는 서로의 언어감수성이 너무 다르기 때문이다. 이렇듯 언어감
수성에 차이가 생기는 이유를 우리는 두 가지로 볼 수 있다.

나에게 민감한 것 vs. 상대에게 민감한 것

첫째는 서로 민감하게 여기는 것이 달라서다. 일반적으로 사람들은 자기와 조금이라도 관련이 있는 것에는 아주 민감하다. 하지만 자기와 별로 관련이 없는 것에는 민감하기가 어렵다. 자신과 관련이 있는 것에 얼마나 민감한지 우리는 일상의 경험을 통해 잘 안다. 예를 들어 우리는 자신의 이름과 비슷한 소리만 들려도 귀가 쫑긋해진다.

사람들은 모두 서로 다른 맥락을 구성하며 살아간다. 물론 언어를 공유하는 집단은 특정한 사회·문화적 맥락을 공유한다. 그리고 특정 집단에 소속된 사람은 해당 집단이 공유한 맥락을 함께하게 된다. 하지만 그 집단을 구성하는 것은 개인이고 그 개인은 모두 서로 다른 자신만의 개인적 맥락을 갖는다. 그러니 나의 감수성에는 괜찮은 표현이라도 나와는 다른 사회·문화적 맥락 혹은 개인사적 맥락을 가진 상대의 감수성에는 괜찮지 않을 수 있다. 말하는 사람이 무심코 한 말속에는 듣는 사람이 아주 민감하게 생각하는 내용이 충분히 담겨 있을 수 있다는 말이다. 심지어 말한 사람은 전혀 의도하고 말하지 않았다고 해도 듣는 사람에게는 큰 상처가 되는 표현이 있을 수도 있다.

들을 때 더욱 예민해지는 민감도

둘째는 말을 할 때와 말을 들을 때 민감도 자체가 매우 다르기 때문이다. 똑같은 말이라도 말을 할 때와 들을 때, 우리는 완전히 다른 감수성을 갖게 된다. 말을 할 때 우리는 여유가 없다. 실시간 말할 내용을 생각하며 생각한 내용을 발음기관을 움직여 만들어 내야 한다. 여유가 없고 바쁘다. 그래서 말을 할 때는 습관적으로, 입에 붙은 대로 하게 되는 경향이 있다. 반면에 들을 때는 말할 때와 아주 다르다. 말을 할 때보다 여유가 있으니 훨씬 높은 감수성을 발휘할 수 있다. 상대의 말에서 실수가 들리고 부주의한 것들이 거슬린다. 막상 자신이 하게 된다면 그보다 잘하기가 어려워도 말이다.

이런 민감도의 차이가 말하는 사람과 듣는 사람 사이에 거리를 만든다. 서로 이렇게 멀리 떨어져 있으니 소통은 참 어려운 일이 아닐 수 없다. 게다가 우리는 소통을 시도하다가 서로의 거리가 좁혀지기는커녕 멀어진 경험을 누구나 한 번쯤 가지고 있다. 어찌 생각하면 소통이라는 것이 애초부터 가능한 일일까 하는 생각이 들기도 한다.

그런데 이렇게 어려운, 아니 어쩌면 불가능할 수도 있는 소통을, 우리는 왜 굳이 해야 할까? 그리고 소통을 잘하는 능력, 즉 소통 능력을 갖추기 위해 우리는 왜 노력해야 할까?

소통 능력을 갖춰야 인재가 될 수 있기 때문에? 인재가 되면 돈을 많이 벌고 성공한 사람이 되니까? 만약 돈을 많이 벌고 싶지도 성공한 사람이 되고 싶지도 않다면, 그냥 평범한 사람으로 살고 싶다면, 소통 능력은 갖추지 않아도 되는 것일까?

소통 능력이 중요하다는 말은 많이 들었지만 왜 중요한지를 차근차근 생각해 본 적은 별로 없는 것 같다. 그럼 소통 능력이 왜 중요한지부터 생각해 볼 필요가 있겠다.

반팔과 반소매,
한 음절에 담긴 공감

언어는 생각을 담는 도구다. 그런데 만일 언어라는 도구가 잘못된 편견이나 의식을 담고 있다면 어떻게 해야 할까?

2021년 여름, 한 라디오 프로그램에 출연해서 차별어, 특히 장애인 차별과 관련된 언어 표현의 문제에 대해 함께 고민해 볼 것을 제안했다. 날씨가 더워지면서 일상에서 자주 사용하게 될 '반팔'이라는 단어에 대해 다시 생각해 보자는 것이 중심 내용이었다.

'반팔'이란 팔이 반이라는 뜻이다. 이는 팔 길이의 정상성에 기반한 표현이다. '온팔'이라고 설정한 정상적인 팔 길이가 있고 온팔에 비해 팔이 짧으면 '반팔'이 되는 것이다. 그런데 만약 팔의 길이가 다른 사람들보다 짧게 태어난 사람이나 절단 사고로 인해 팔 길이가 짧아진 사람이라면 이 말을 듣는 기분이 유쾌할 것 같지는 않다. 그러니 '반팔'은 그들을 불편하게 만드는 말일 수 있다. '반팔'이라는 말을 들으며 불편한 마음이 들 사람이 있다면 굳이 우리가 이 단어를 쓸 필요가 있냐는 것이 그날의 이야기였다.

우리는 보통 소매가 없는 것을 '민소매'라고 하지 '민팔'이라고 하지 않는다. 또 바지의 길이가 짧은 것을 '반바지'라고 하지 '반다리'라고 하지 않는다. 그런데 왜 소매가 짧은 것을 '반소매'라고 하지 않고 '반팔'이라고 할까?

신문 기사 자료를 검색해 보니 소매의 길이가 짧은 옷을 1970년대 이전에는 주로 '반소매'라고 했음이 확인되었다. 1970년대까지는 '반팔'이라는 말이 매우 드물게 신문 기사에 등장하다가 1980년대부터 그 말이 세력을 얻기 시작하더니 1990년대부터는 반소매의 사용을 압도하게 되었음을 확인할 수 있었다.

반팔이 반소매를 압도하게 된 데는 단어의 길이가 요소로 작용하지 않았나 생각된다. 단어에 숨어 있는 생각보다는 한 음절이 짧아진 것이 사용자들을 끌어당긴 모양이다. 하지만 한 음절이 길어도 '반팔' 대신 '반소매'를 입에 붙여서 앞으로는 누구도 불편감을 느끼지 않을 '반소매'라는 말을 다시 사용하는 게 어떻겠냐고 제안하며 방송을 마쳤다.

방송이 나가고 반응이 뜨거웠다. 뭐가 그렇게 다 불편하냐며 조롱과 비난의 태도로 의견을 단 사람도 있었다. 하지만 다행히 훨씬 더 많은 사람이 이 문제에 대해 생각해 보지 못했다며, 불편해하는 사람이 있는데 반팔을 굳이 고집할 이유가 있냐는 의견을 달았다. 그리고 앞으로 반소매로 바꾸어 부르겠다는 다짐을 이야기한 사람도 많았다. 그 덕분인지 거의 보이지 않던 '반소매'라는 표현이 최근 들어 조금씩 눈에 들어오고 있다. 공감의 물결이 퍼져 나간 덕분이 아닐까 한다.

반팔과 반소매, 여러분의 선택은?

소통 능력은
민주시민이 갖춰야 할 기본 덕목

소통 능력이 왜 중요한지를 알아보기 전에 '소통'이라는 말부터 이해할 필요가 있다. 소통(疏通)이라는 말은 '트이다'라는 의미를 가진 '소(疏)'와 '통하다'라는 의미를 가진 '통(通)'으로 구성된 단어다. 즉, 트이고 통하는 것이 소통이다. 표준국어대사전에는 소통이 다음과 같이 풀이되어 있다.

소통(疏通)

1. 막히지 아니하고 잘 통함

2. 뜻이 서로 통하여 오해가 없음

이런 뜻풀이를 기초로 우리는 소통 능력을 '자신의 생각이나 뜻을 상대에게 잘 전달하는 능력은 물론 상대의 생각이나 뜻을 오해 없이 잘 파악하는 능력'이라고 정의해 볼 수 있다. 소통 능력의 중요성은 단어의 정의만 봐도 너무나 자명해 보인다.

사실, 소통 능력을 갖추는 것이 중요하다는 말은 어제오늘 얘기가 아니다. 소통 능력은 아주 오래전부터 중요한 능력으로 주목되어 왔다. '신언서판(身言書判)'이라는 말이 있다. 신언서판은 훌륭한 인재가 갖추어야 할 네 가지 핵심 능력을 간략하게 추린 말로, 중국 당나라 때 관리를 선발하는 데 있어서 가장 중요하게 삼았던 기준이다.

'신(身)'은 신체, 즉 풍채와 용모를 말한다. 외모의 수려함이 아니라 외적으로 풍기는 그 사람의 됨됨이를 말한다. '언(言)'은 언변이다. 발음이 똑똑하고 말에 조리가 있고 언변이 좋아야 한다는 뜻이다. '서(書)'는 글씨체를 말한다. 글씨체가 그 사람의 됨됨이를 보여 준다는 생각에서 글씨체를 중요한 기준으로 삼았던 것이다. 마지막 글자인 '판(判)'은 판단력을 말한다. 사물의 이치를 깨달아 논리나 기준을 가지고 올바른 판단을 할 수 있는 능력을 의미한다.

이 '신언서판'은 당나라 때뿐만 아니라 그로부터 무려 천 몇백 년이 지난 지금도 사람됨을 판단하는 데 있어서 여전히 중요한 기준으로 이야기되고 있다. 그 신언서판의 두 번째에 '언'

이 있다. 그 '언'이 오늘날의 표현으로 바꾸면 바로 '소통 능력'
이다.

이렇게 소통 능력은 아주 오래전부터 지금까지 인재가 갖추
어야 할 중요한 능력으로 주목되어 왔다. 그런데 여기에서 한
가지 생각해 볼 문제가 있다. 과연 소통 능력은 인재가 되기 위
해서만 필요한 능력일까? 인재가 되지 않아도 괜찮다고 생각하
는 사람이라면 소통 능력을 갖출 이유가 없지 않을까?

과거에는 소통 능력이 몇몇 인재에게만 요구되는 능력이었을
지도 모른다. 하지만 민주주의 사회에서 소통 능력은 민주 시
민이 갖추어야 할 가장 기본적인 능력이다. 어느 위치에서 어
떤 일을 하든 예외는 없다. 구성원 모두가 주인이며 모두의 목
소리는 존중되어야 한다는 것이 민주주의의 기본적인 생각이
기 때문이다. 그러기 위해서 목소리들은 서로 부딪혀 시끄러
운 소음이 되지 않고 조화로운 화음으로 조율되어 나갈 수 있
어야 한다.

이를 위해 민주 시민은 자신의 생각을 자신의 목소리에 제대
로 담을 수 있는 능력을 갖춰야 하고, 또 나와 다른 생각을 가
진 다른 사람들의 목소리에 귀를 기울일 줄 알아야 한다. 내가
옳은 만큼 상대도 옳을 수 있음을 알아야 하고, 상대가 틀린 만
큼 나도 틀릴 수 있다는 생각을 할 수 있어야 한다. 성숙한 민주
사회가 성숙한 소통이 가능해야만 이루어질 수 있는 이유다.

우리의 행복지수는 소통 능력에 비례한다

인재가 되기 위해서도, 성숙한 사회인으로서 온전히 살기 위해서도 소통 능력은 반드시 필요하다. 하지만 소통 능력을 갖추는 일이 중요하고도 절실한, 더 근본적인 이유는 따로 있다. 바로 '행복'을 위해서다.

정말 그럴까?

우리는 그 답을 하버드대학 성인발달연구소의 연구를 바탕으로 얻을 수 있다. 이 연구소는 1930년대 후반부터 현재까지 2,000명 이상의 사람을 대상으로 인간의 평생 발달에 관한 최장기 종단 연구를 수행하고 있다. 종단 연구란 동일한 대상자들의 변화를 시간의 축을 따라가며 연구하는 것을 말한다. 이 연구소는 현재 1차 연구 대상자의 자녀 세대로까지 대상자를 확장하여 지속적으로 연구를 수행하고 있다.

이 연구소의 소장이었던 조지 베일런트(George E. Vaillant) 교수는 1차 연구 대상자 814명을 60년 이상 연구한 결과를 바탕으로 《행복의 조건》이라는 책을 2002년에 출간했다. 연구 대상자들은 하버드대학 재학생은 물론, 도심 빈민층의 청소년 등 다양한 배경을 지닌 사람들이었다. 저자는 연구 대상자들이 어떤 청년기와 중년기 그리고 어떤 노년기를 맞이했는지를 관찰하고, 행복한 노년을 맞은 사람들이 보이는 공통적인 특성을 수렴해 냈다. 그 결과 학벌이나 부모의 배경 혹은 본인이 속한 계급 등은 행복을 위한 필요조건이 아니었다. 하버드대학을 나왔다고 다 행복한 것도, 도심 빈민층의 중학교 중퇴자라고 다 불행한 것도 아니라는 사실이 연구 대상자들의 삶을 통해 드러난 것이다.

책에서 수렴해 낸 행복의 조건 가운데 저자가 가장 주목하고 강조한 것은 바로 '관계'였다. 행복한 노년을 맞은 사람들이 가진 가장 두드러진 공통 특징은 따뜻한 사회적 관계를 가진 사람들이었다고 저자는 강조한다.

이 관계의 문제는 조지 베일런트 교수를 이어 연구소의 소장이 된 로버트 월딩거(Robert Waldinger) 교수의 테드 강연(Robert

Waldinger: What makes a good life? Lessons from the longest study on happiness)과 2023년에 출간한 책, 《세상에서 가장 긴 행복 탐구 보고서》에서도 가장 강조한 내용이다.

이 책에 실린 연구 결과에 따르면 가족, 친구, 공동체와 잘 연결되어 있는 사람들은 더 행복하고 건강했으며 더 오래 살았다. 한편, 외로움은 독이었다. 외로운 사람들은 불행했고 건강하지도 않았다. 외로움과 고립은 행복감을 주지 못함은 물론, 뇌 기능을 퇴화시키고 건강에 악영향을 주었으며 수명을 단축하는 요인으로 작용한다는 것이 연구를 통해 확인되었다.

대규모 연구 참여자들을 대상으로 과학적인 방법에 기반하여 인류 역사상 가장 오랫동안 진행 중인 이 방대한 프로젝트는 무엇이 인간의 삶을 행복으로 혹은 불행으로 이끄는지에 대해 단순하고도 명확한 답을 알려 준다.

행복한 삶은 돈과 명예를 통해 얻어지는 것이 아니라 함께하는 사람들과의 '좋은 관계'를 통해 얻어지는 것이라고 말이다.

말의 거리가 곧 관계의 거리다

하버드대학 성인발달연구소가 수행한 80년 이상의 종단 연구 결과는 우리에게 행복이란 주변 사람들과 좋은 관계를 맺고 즐겁게 사는 것임을 확인시켜 준다.

그런데 대체로 사람들이 생각하지 못하는 것이 있다. 바로 그 인간관계의 중심에 '말'이 놓여 있다는 점이다. 태어날 때 맺어지는 부모 자식 관계나 형제자매 관계와 같은 가족 관계가 아닌 여타의 인간관계는 모두 말에서 비롯된다. 말이 아닌 것으로 맺어지는 인간관계, 특히 사회적 관계는 없다. 그리고 말이란 늘 관계 속에서만 존재한다. 이렇게 말을 한다는 것은 관계를 맺는 일이다.

사람은 누구나 말로 관계를 맺고 그 관계를 말로 유지한다. 관계를 맺을 때와 유지할 때 말은 필수적이다. 말이 없이 관계는 맺어질 수도, 유지될 수도 없다. 물론, 말은 관계를 정리하게도 한다. 하지만 관계를 정리할 때 말은 필수적인 요소가 아니다. 말을 하지 않는 것 자체가 관계를 정리하게 하기 때문이다.

우리는 경험을 통해 잘 안다. 어떤 사람을 만나면 말이 하고 싶어지고, 어떤 사람을 만나면 말이 하고 싶어지지 않는다는 것을 말이다. 말을 하고 싶은 사람이란 관계를 맺고 싶은 사람, 관계를 유지하고 싶은 사람이다. 반면에 말을 하기 싫은 사람이란 관계를 맺고 싶지 않은 사람, 혹은 관계를 유지하고 싶지 않은 사람이다. 말이 이어질 때 관계도 이어지고 말이 사라질 때 관계도 사라진다.

누군가와의 관계에서 말이 사라져 가고 있다면 그것은 그 사람과의 관계가 위태로워지고 있다는 뜻이다. 중요한 관계라면 관계 개선을 위한 노력이 필요하다. 그러니 내 주변에서 말이 흥하는가 멸하는가를 살필 필요가 있다. 만약 내 주변 사람들이 나와 이야기를 나누고 싶어 한다면 그것은 좋은 신호다. 하지만 주변 사람들이 나와 이야기하는 것을 피한다면 그것은 관계의 위기를 알리는 신호로 받아들여야 한다. 결국, 말의 거리가 바로 관계의 거리인 셈이다.

행복이란 주변 사람들과 좋은 관계를 맺고 즐겁게 지내는 것인데 그 관계는 말로 시작되고 유지된다. 결국, 우리가 소통을 고민하는 이유는 바로 행복해지기 위해서였던 것이다. 우리의 행복 지수가 소통 능력에 비례한다는 사실이 확인된 만큼, 소통의 중심인 '말하기'에 대해 더 깊이 고민해야 한다.

언어감수성이
자연스럽게 몸에 스며들게 하려면

소통이란 결국 말하는 사람과 듣는 사람 사이의 그 먼 거리를 좁혀 가는 과정이라고 할 수 있다. 그렇다면 그 거리를 좁히는 방법은 무엇일까?

그 방법은 의외로 간단하다. 말을 할 때는 듣는 사람의 감수성을 고려하여 말하고, 들을 때는 말을 하는 사람의 감수성을 생각하며 들으면 된다. 상대의 감수성을 헤아리며 말하고 듣는 것이 말하는 사람과 듣는 사람 사이의 거리를 좁히는 가장 좋은 방법이다. 다만 이것은 언어감수성이 높아야 가능한 일이다. 결국, 언어감수성이 소통의 먼 거리를 좁혀 주는 가장 핵심적인 요소임을 알 수 있다.

곰곰이 생각해 보면 상대의 감수성을 헤아려 말하는 것은 말하기의 기본적인 자세라고도 할 수 있다. 왜 우리가 말을 하는가를 생각해 보면 쉽게 이해할 수 있다. 우리가 말을 하는 이유는 상대에게 들리기 위해서다. 즉, 말이란 나를 위해서 하는 것이 아니라, 상대를 위해서 하는 것이다. 말을 한다는 것 자체가 나에게 가 닿으려는 행위가 아니라 상대에게 가 닿으려는 행위이니, 당연히 애초부터 내 말은 나를 향해 하는 것이 아니라 상대를 향해 하는 것이다. 따라서 내 말이 상대에게 어떻게 들릴까를 생각하며 말하는 것은 말하기의 기본 태도라고 할 수 있다.

말이 상대에게 들리기 위한 것이고 그래서 그의 감수성을 고려하여 말해야 한다는 것을 누가 모르겠는가! 문제는 상대의 감수성을 헤아린다는 것이 결코 쉬운 일이 아니라는 데 있다. 앞에서도 말했지만 상대가 무엇에 민감한지 하나부터 열까지 우리가 모두 알기는 불가능한 데다가 상대의 감수성을 헤아린다고 하더라도 말하는 나의 감수성과 듣는 상대의 감수성은 격차가 있을 수밖에 없다. 이런 상황을 고려한다면 듣는 사람의 감수성에 맞춰 말을 한다는 것이 과연 가능할까 싶다. 또, 언어란 한번 습득된 후에는 습관처럼 굳어지는 특성이 있어서 감수성을 갖기가 매우 어렵다. 여기에 더해, 익숙하게 써 온 시간에 비례해서 감수성은 더욱 무디어지게 마련이다.

그렇다면 어떻게 해야 언어감수성을 높일 수 있을까?

언어감수성을 높이는 과정은 '왜 내 말이 상대에게 그렇게 이해되었을까'라는 질문의 답을 찾는 과정이다. 따라서 언어감수성을 높이기 위해서는 공부와 성찰 그리고 용기가 필요하다. 내 말에 내가 생각하지 못한 반응을 보이는 사람이 있을 때, '왜 내 말을 오해하고 난리야!'라는 생각보다 '왜 내 말이 상대에게 그렇게 이해되었을까?'를 먼저 질문할 수 있어야 한다. 이 질문은 언어감수성을 높이기 위한 출발점이 된다.

이 질문에 답을 하려면 우선 지식이 필요하다. 도구로 사용되고 있는 언어 자체에 대한 지식은 물론 그 도구가 사용되는 맥락에 대한 지식, 즉 인간과 세상에 대한 지식이 필요하다. 지식을 쌓으려면 당연히 '공부'를 해야 한다.

하지만 공부를 통해 쌓은 지식만으로는 그 질문에 답을 찾기 어렵다. '성찰'이 필요하다. 문제 상황을 관찰자 시점으로 바라보며 답을 찾아 가는 과정이 바로 성찰의 과정이다. 성찰을 통해 말이 이루어진 맥락을 짚어 보면서 내 말이 어떤 맥락에서 상대에게 그렇게 받아들여졌을까를 뒤돌아 살피고 문제점이 무엇인지를 확인한다.

성찰을 통해 자신의 문제를 확인했다면 이제 필요한 것은 '용기'다. 자신의 부족함을 인정하고 받아들이는 용기와 이를 자신의 삶에서 실천하는 용기 말이다. 성찰을 통해 확인된 내 언어의 문제점을 인정하고 수용한 후에는 실제 내 언어 생활에 반영해야 한다. 즉, 감수성을 반영한 말하기, 상대방의 입장에 선 변화된 말하기를 실천에 옮기는 것이다. 자신의 문제점을 발견하고도 회피하거나 덮어 버리는 것은 비겁한 행동이다.

공부가 부족한 것은 무지한 것이고, 성찰이 부족한 것은 미성숙한 것이며, 용기가 없는 것은 비겁한 것이다. 언어감수성을 높이는 것은 결국 무지와 미성숙 그리고 비겁함을 극복해 가는 과정이라고도 할 수 있다.

그러니 내 앞에서 내가 한 말이 불편하다고 이야기해 주는 사람은 고마운 존재이고 나를 성장하게 만드는 귀한 사람이다. 대부분의 경우는 불편해도 면전에서 불편함을 표현하지 않는다. 그래서 우리는 많은 경우 관계의 위기를 알아차리지 못한 채 맞게 된다.

또, 언어감수성을 갖추려면 생각하며 말해야 하고 내가 생각하는 바가 내 말에 잘 담기고 있는지 자신의 언어 사용에 주의를 기울이는 노력을 해야 한다. 또, 내 말이 상대에게 어떻게 수용되고 있는지를 세심히 살펴야 한다. 에너지가 많이 드는 일이다. 그러다 보니 언어감수성을 갖추기 위한 이런 노력을 두고 어떤 사람들은 이렇게 말하기도 한다. 피곤하게 어떻게 그러고 사느냐, 너무 민감한 거 아니냐, 그냥 쉽게 살자고 말이다.

감수성이란 처음 높일 때는 어렵고 피곤할 수 있다. 하지만 높아진 후에는 피곤하지도, 크게 불편하지도 않다. 그런 노력이 습관이 되면 자연스럽게 몸에 스며들게 되기 때문이다. 나쁜 습관에서 벗어나서 좋은 습관을 갖기 위해 들이는 노력은 분명히 가치 있는 노력이다. 그러니 가치 있는 노력을 위해 애쓰는 사람은 비난이나 조롱의 대상이 아니라 지지와 응원의 대상이 되어야 한다. 예민함을 발휘하는 것은 어려운 일이지 하지 말아야 할 일이 아니다.

언어감수성을 정의해 보면

언어감수성을 학문적으로 정의하면 다음과 같다.

언어에 대한 이해와 지식을 갖추어 일상 언어 속에 담긴 차별, 불평등, 반인권, 비민주적 요소를 감시해 내는 민감성

학술적인 정의를 조금 더 쉽게 풀어 보자. 우리는 흔히 언어를 '생각을 담는 도구'라고 한다. 언어감수성이란 생각을 담는 도구인 언어가 내가 생각하는 바, 내가 추구하는 바, 내가 지향하는 바를 잘 담고 있는지 점검해 낼 수 있는 민감성이라고 할 수 있다. 언어감수성이 높다는 것은 차별이 없는 평등한 세상, 인권이 존중되고 민주주의가 꽃피는 세상을 바라면서 혹시 내가 하는 말이 내가 생각하는 바와 배치되고 있는 것은 아닌지 잘 살핀다는 뜻이다.

언어는 사회적 약속이다. 그래서 특정 언어의 사용자가 되려면 그 특정 언어 사용자들이 만든 약속을 학습해서 그 약속에 맞게

사용해야 한다. 그런데 그 약속은 늘 과거에 만들어진 것이어서 과거의 생각이 담겨 있게 마련이다. 그러다 보니 우리가 실제로 사용하는 언어 중에는 더 이상 동의하지 않는 낡은 생각이 담겨 있는 경우가 있다. 우리의 변화된 생각이 아니라 이전의 생각이 담긴 낡은 언어가 사용되는 것이다. 그 결과 그렇게 생각하지도 않으면서 그렇게 말하게 되는 일이 벌어진다.

언어감수성은, 너무나 익숙해서 습관적으로 사용하고 있는 언어를 낯설게 보게 하고, 민감성을 발휘해서 낡은 언어 표현에 문제를 제기하게 한다. 언어감수성은 언어라는 도구가 더욱 우리의 생각을 잘 담을 수 있도록 만들어 준다. 또, 단편적인 단어나 표현뿐 아니라 언어 전반에 걸쳐 내가 생각하는 바, 내가 추구하는 바가 과연 내 언어에 잘 담겨 있는지를 점검하게 해 준다. 그래서 내 말이 상대에게 잘 가 닿을 수 있게 한다. 언어감수성이 소통에서 매우 중요한 역할을 하게 되는 이유가 바로 여기에 있다.

'물고기'라는 말에 숨은 생각

무심코 써 왔지만 곰곰이 생각해 보면 정말 우리의 관점이 무섭도록 고스란히 담겨 있는 말이 있다. '물고기'가 바로 그런 말 중의 하나다.

어느 날이었다. 한 친구가 어디선가 '물고기'를 '물살이'로 바꿔 부르자는 이야기를 들었다는 것이다. 물속에 살고 있는 수중 동물들을 왜 우리는 지금까지 '고기'라고 부르며 식용의 대상으로만 보아 왔는지에 대한 문제 제기였다. 이후 그 친구는 '물고기'라는 말 대신 '물살이'라는 말을 쓰고 있다고 했다.

친구의 이야기에 나는 충격을 받았다. '물고기'는 '불고기'와 함께 강의 중에 자주 예를 드는 단어인데도 나는 한 번도 그런 생각을 해 본 적이 없었기 때문이다. 말소리를 연구하는 나는 발음에만 신경을 썼을 뿐 물속에 살고 있는 척추동물을 통틀어 이르는 말에 왜 '고기'가 들어가 있는지에 대해서는 생각하지 못했다.

그 친구의 말을 듣고 생각해 보니 뭍에 사는 동물은 살아 있을 때 고기라고 불리지 않았다. 우리는 살아 있는 소, 돼지, 닭을, 소고기, 돼지고기, 닭고기라고 부르지 않는다. 반면에 살아 있는 물속 척추동물은 식재료가 아닌데도 고기라고 부른다. 생명체로 우리 앞에 있을 때조차도 잠재적 식용 대상으로만 취급해 온 것이다. 결국 '물고기'라는 말에는 그들이 우리에게 식용의 대상 그 이상도 그 이하도 아니라는 생각이 담겨 있음을 알 수 있다. 동물권에 대해 생각하는 사람들 덕분에 수중 동물들을 바라보는 우리의 관점을 발견하고 반성할 수 있었다. 언어감수성을 갖는 것은 참 어렵지만 정말 가치가 있는 일임을 다시 한번 확인했다. 지독히 인간 중심적인 생각이 담긴 '물고기'를 '물살이'로 새로고침하는 운동에 지금부터 동참하면 어떨까? 살아 있는 생명체로서 존중받을 수 있는 새 이름이 필요하다.

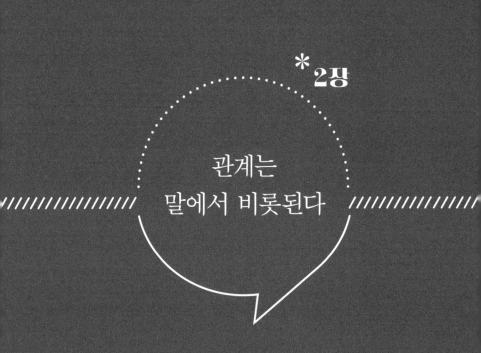

*2장

관계는
말에서 비롯된다

이제 관계 문제를
사회적으로 고민해야 할 때

관찰 예능 〈나 혼자 산다〉가 시작한 것은 2013년 3월이었다. 1인 가구의 급속한 증가가 주목을 받으면서 방송이 만들어졌다. 이 프로그램이 처음 시작했을 네 집에 한 집꼴이던 1인 가구는 10년도 채 되지 않아서 세 집에 한 집이 넘는 수치로 가파르게 증가했다.[1] 1인 가구의 증가는 앞으로도 멈추지 않을 것으로 보인다. 통계청의 예측에 따르면 2050년까지 1인 가구는 꾸준히 증가하여 40퍼센트에 육박할 것이라고 한다.[2]

한편, 우리의 수명은 점점 길어지고 있다. 2023년 3월 통계청이 발표한 2021년 기준 한국인의 기대수명은 83.6세다. 1970년의 기대수명인 62.3세와 비교하면 지난 51년간 21.3세가 늘어난 것이다.[3] 하지만 한국인의 최빈사망연령, 즉 한국인이 실제로 죽음을 맞이하는 가장 빈번한 연령은 이보다 높다. 한국보건사회연구원의 최근 보고서에 따르면 2020년 기준 한국인의 최빈사망연령은 남성이 86.52세, 여성이 90.80세인 것으로 확인된다.[4] 1970~74년의 최빈사망연령이 남녀 각각 67.50세, 80.96세임을[5] 고려할 때, 지난 약 50년간 남성은 19.02세, 여성은 9.84세 높아졌음을 확인할 수 있다.

인구통계 전문가인 고려대학교 통계학과 박유성 교수가 2020년 조선일보의 의뢰를 받아 추정한 연령별 기대여명 추계도 흥미롭다.[6] 박 교수는 통계청이 제공하는 1985년부터 2015년 사이의 출생자·사망자 통계를 토대로 연령별 생존 확률을 계산하는 프로그램을 개발했다.[7] 박 교수의 추계에 의하면 2020년 현재 20세는 대략 세 명 중 한 명이, 30세는 네 명 중 한 명이, 40세는 다섯 명 중 한 명이, 50세는 일곱 명 중 한 명이 100세까지 살 수 있을 것으로 보인다.

정말 100세 시대가 말뿐이 아님을 알 수 있다.

전 인류의 문제, 외로움과 고립

이처럼 우리는 이제 혼자 오래 사는 미래를 살아가게 될 것이다. 3대 이상이 함께 살던 대가족은 부모와 자녀로 구성된 핵가족을 넘어 이제 가구 구성원이 한 명인 1인 가구로 빠르게 변해 가고 있다. 핵가족을 넘어 개인의 시대가 온 것이다.

대가족이 핵가족으로 변하면서 '돌봄'은 사회문제가 되었다. 대가족 안에서는 개인의 문제였던 돌봄이 핵가족으로 변하면서 사회문제가 된 것이다. 하지만 우리 사회는 '돌봄'의 문제에 대해 제대로 된 준비를 하지 못했다. 그 결과 노인 돌봄과 영유아 및 아동의 보육 문제는 지금 우리 사회가 해결해야 할 큰 과제 중 하나가 되었다.

그런데 이제 핵가족을 넘어 1인 가구가 대세인 개인의 시대를 맞았다. 이제 우리는 돌봄의 대상을 확장해야 한다. 바로 '외로움'이다. 외로움과 고립의 문제는 우리 가까이에 와 있는 사회문제다.

이는 비단 우리 사회만의 문제가 아니다. 외로움과 고립을 사회문제로 여기고 정부 차원에서 적극적인 행보를 가장 먼저 보인 것은 영국이었다. 2017년 말, '조 콕스 외로움위원회(Jo Cox Commission on Loneliness)'는 외로움과 관련한 연구 결과를 발표했다. 이 보고서를 바탕으로 영국의 메이 총리는 외로움을 국가가 나서서 대처해야 할 사회문제로 인식하고 2018년 1월 세계 최초로 외로움 담당 관료(Minister of Loneliness)를 임명했다. 일본도 2021년 내각 관방에 고독·고립 대책 담당실을 신설하여, 영국에 이어 세계에서 두 번째로 관련 부처를 만든 나라가 되었다. 사회 전체의 유대감이 희박해지는 가운데 코로나19의 장기화로 인한 우울, 그리고 이로 촉발된 자살률 급증에 대처하기 위해 정책적 대안을 모색한 결과였다.

약한 연결망의 사회, 대한민국

그럼 우리 사회는 어떤가? 대한민국에는 현재 외로움과 고립의 문제를 전담하는 부처가 존재하지 않는다. 그렇다면 우리는 잘 연결되어 살고 있을까?

우리 사회의 연결망 강도를 보여 주는 다소 충격적인 보고서에 주목할 필요가 있다. OECD 회원 34개국의 사회적 현황 및 추세를 보여 주는 〈한눈에 보는 사회 2016(Society at a Glance 2016)〉이라는 제목의 보고서다. 해당 보고서에는 사회관계망에 대한 국가별·연령대별 조사 결과가 제시되어 있다. 사회관계망의 강도를 알아보기 위한 지표는 '의지할 수 있는 친척이나 친구가 있는가'라는 질문에 '그렇다'고 응답한 사람의 비율이었다.

다음의 그림을 통해 알 수 있듯, 한국의 사회관계망 강도
는 전 연령대 모두 OECD 평균보다 낮은 것으로 드러났다. 특
히 50대 이상의 경우는 그 격차가 매우 컸다. OECD 평균 87
퍼센트가 '그렇다'고 답한 반면 한국은 61퍼센트만이 '그렇다'
고 응답했으며, 이는 조사 대상 34개국 중 가장 낮은 수치다.
30~39세 응답도 78퍼센트로 OECD 평균 90퍼센트에 비해 낮
았다(34개국 중 33위). 다만, 15~29세의 응답만이 93퍼센트로
OECD 평균 95퍼센트와 큰 차이를 보이지 않았다. 15~29세의
수치는 34개국 중 32개국이 90퍼센트 이상을 보였는데, 이를
OECD는 온라인 유대감에 기인한 전 세계 젊은 세대의 공통

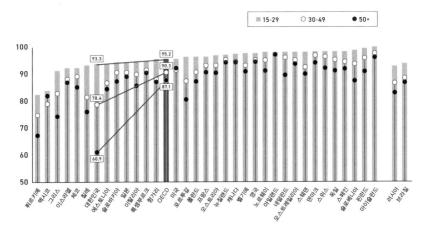

OECD 34개국의 사회적 연결망 관련 지표 비교. '의지할 수 있는 친척이나 친구가 있다'고
응답한 사람의 비율로, 색이 진한 막대는 OECD 34개국 평균을, 제시한 수치는 각 연령대별
OECD 평균과 대한민국의 응답률을 나타낸 것임.

관계는 말에서 비롯된다

된 특이점으로 분석하고 있다.

이 조사 결과를 바탕으로 OECD는 보고서에 대한민국이 사회관계망이 약한 사회이며, 특히 50세 이상 집단의 사회관계망이 매우 취약하다는 점을 특기했다. 약한 사회관계망은 외로움과 고립을 가져오고, 외로움과 고립은 정신 건강은 물론 육체적 건강 문제와도 직결된다.

결국 혼자, 오래 사는 미래에 더 건강하고 더 만족스러운 삶을 살아가기 위해서는 사회 구성원들 간의 사회관계망을 튼튼히 그리고 긴밀하게 연결해야 한다. 특히, 사회관계망이 가장 약한 국가로 조사된 대한민국의 현실을 우리는 직면할 필요가 있다.

이러한 현실을 두고 한편으로는 개인화된 삶을 추구하는 사람이 갈수록 많아지고 있다고 개탄하는 목소리가 들린다. 전통적인 가족의 가치가 붕괴되고, 항상 '우리'보다는 '나'를 앞세우는 극단적 이기주의가 팽배한 것이 문제라며 한숨짓는 사람도 많다.

하지만 개인화된 삶을 추구하는 것 자체가 문제일 수는 없다. 또한, 개인화된 삶을 추구하는 것이 사회 변화의 큰 방향인 것도 분명한 사실이다. 따라서 문제는 개인화된 삶 그 자체가 아니라, 개인화된 삶이 고립과 소외로 이어지는 것이다. 개인화된 삶을 추구하는 개인들이 사회관계망에 의해 튼튼히 그리고 긴밀하게 잘 연결되어 세상으로부터 고립되거나 소외되지 않는 사회를 이루는 것이 우리 앞에 놓인 과제인 셈이다.

따라서 좋은 관계에 대한 고민은 이제 개인적인 차원에 머물러서는 안 된다. 혼자, 오래 사는 사회에서 외로움과 고립은 가장 중요한 사회문제가 될 것이기 때문이다. 구성원들이 서로 잘 연결되어 튼튼한 사회관계망을 만들 수 있도록 관계의 문제를 이제는 사회적으로 고민해야 한다.

말하기, 관계의 관점에서 다시 배우자

사회관계망을 튼튼히 연결한다는 것은 사람들 사이에 관계의 끈을 더 긴밀하게 엮는 일이라고 할 수 있다. 혼자, 오래 살아도 외로움과 고립을 느끼지 않으려면, 가장 먼저 '관계'의 문제에 주목해야 한다. 또한 그 관계의 핵심에 바로 '말'이 있음을 알아야 한다. 관계에 있어서 말은 시작이자 끝이다. 그러므로 이제부터는 말하기를 특히 외로움과 고립의 문제를 해결하기 위한 방안으로서 주목할 필요가 있다.

혼자, 오래 살지만 외로움과 고립을 느끼지 않고 살아가려면 '따로 또 같이', '느슨하지만 긴밀한 유대감을 느낄 수 있는' 다양한 공동체가 필요하다. 그리고 그 공동체가 유지되려면 구성원 모두가 서로 관계를 맺고 유지하는 데 있어서 말이 어떤 역할을 하는지 정확히 알고 실천할 수 있어야 한다. 나를 이해시키고 상대를 이해하는 모든 과정이 결국 말을 통해 이루어지며, 이를 통해 형성된 신뢰가 사회관계망을 만들고 그 관계망을 튼튼하게 하는 데 핵심이 되기 때문이다.

이런 관점에서 나는 우리 사회 전반에 걸쳐 관계의 관점에서 말을 바라볼 수 있는 체계적인 말하기 교육이 필요하다고 생각한다. 좋은 말하기가 관계의 문제를 풀 수 있는 중요한 열쇠라는 인식이 한국의 모든 연령대, 특히 장년층 이상에서 너무 부족하기 때문이다.

이와 관련해 앞서 살펴본 OECD 보고서를 다시 들여다볼 필요가 있다. 한국은 사회관계망이 매우 약할 뿐 아니라, 연령대별 격차가 가장 큰 나라였다. 즉, 연령이 증가할수록 사회관계망의 강도가 큰 폭으로 낮아지는 특성을 보였다. 30세 이후의 연령에서 조사 대상국 중 가장 취약한 결과를 보인 이유가 관계의 문제에 대한 언어적 대비가 부족한 것과 관련 있지는 않은지 진지하게 고민해 봐야 한다. 특히 50세 이상의 연령에서 보이는 참담한 결과에 대해서는 꼭 눈여겨볼 필요가 있다.

말하기를 시민교육으로 해야 하는 이유

사실 우리는 말하기를 공교육 내에서 체계적으로 배운 적이 없다. 오죽하면 군대가 유일한 말하기 교육 장소라는 말이 있겠는가? '다나까'로 말하라고 배우는 것이 말하기 교육의 전부라는 자조 섞인 말이 있을 정도다.

또한 말하기를 일종의 기술로 이해해 온 측면이 있다. '말'을 좋은 성과를 내기 위한 수단으로 여기는 것이다. 즉, 세속적인 성공을 이루기 위해 인생의 단계에서 필요한 기술을 배우는 것이 말하기 공부의 목적이라고 생각한다. 이런 생각으로 어떤 이는 면접을 준비하고자, 어떤 이는 발표를 잘하고자, 어떤 이는 사람들에게 호감을 얻고자 말하기 관련 책을 사거나 수업을 수강한다.

이렇게 행동하는 심리에는 말하기 공부를 통해 자신을 돋보이고, 다른 사람의 마음을 사로잡고, 상대를 설득하는 등의 기술을 장착할 수 있을 것이라는 기대가 숨어 있다.

물론 말하기에는 상대적으로 단기간에 습득할 수 있는 기술적인 측면이 존재한다. 그래서 몇 가지 팁을 통해 많이 좋아지는 것도 사실이다. 하지만 이와 같은 기술적인 측면이 말하기의 본질은 아니다. 이것은 마치 글씨체가 글쓰기의 본질이 아닌 것과 같다. 지나친 악필은 글을 읽기 어렵게 만드는 요소가 될 테니 가독성을 높이기 위해서라도 이를 바로잡는 노력은 반드시 필요하다. 하지만 글씨체가 예쁘다고 좋은 글이 되는 것은 아니다.

말하기는 기술의 관점이 아니라 관계의 관점에서 배우고 익혀야 한다. 관계의 관점에서 배우는 말하기는 기술의 관점에서 배우는 말하기와는 달리 단기간에 습득되기 어렵다. 글씨체가 조금 나아지는 것은 단시간 내에 가능하지만 글쓰기를 잘하는 데는 오랜 시간이 걸리는 것과 같다. 또, 글쓰기에 다양한 장르가 존재하는 것처럼 말하기에도 다양한 장르가 존재한다. 한 장르의 글쓰기를 잘한다고 다른 모든 장르의 글쓰기를 잘하는 것이 아닌 것처럼, 한 장르의 말하기를 잘한다고 다른 모든 장르의 말하기도 잘하는 것은 아니다. 다양한 말하기 상황에서 경험과 지식을 통해 말하기를 익혀야 한다.

사실 인생을 살아가는 데 있어서 말하기는 글쓰기보다 훨씬 더 본질적이고 중요한 능력이다. 우리는 글을 쓰지 않고는 살 수 있어도 말을 하지 않고는 살 수 없다. 말하기는 사회관계망을 만들고 유지하는 데 필수적인 요소이기 때문이다. 하지만 말하기 교육은 글쓰기 교육에 비해 공교육에서 소홀히 다루어지고 있다.

또한 말하기 교육은 공교육에서뿐만 아니라 평생교육의 관점에서도 반드시 이루어질 필요가 있다. 공교육을 마친 이후부터 우리의 관계는 더 다양해지고 복잡해지며, 이로 인해 겪게 되는 관계의 위기는 곧 삶의 위기로 이어지기 때문이다. 더불어 고연령층의 사회관계망이 매우 취약한 것으로 드러난 만큼, 이들을 위한 말하기 교육이 절실하고 시급하다. 관계의 관점에서 말하기를 공부할 수 있는 다양한 기회가 특히 새로운 인생의 국면에 들어선 사람들에게 주어져야 한다. 이러한 교육을 통해 자신의 말하기를 성찰하고 상대의 말하기를 들여다보는 시간을 충분히 가져야 한다.

친구가 되기 어려운 '꼰대'

튼튼한 사회관계망을 만드는 데 있어서 친구의 존재는 매우 중요하다. 친구가 바로 사회관계망의 기본 고리가 되기 때문이다. 다양한 배경을 가진 여러 친구들과 연결될수록 개인이 사회와 잘 연결되어 고립과 외로움의 문제가 발생하지 않는다.

그런데 여기서 한 가지 반드시 알아야 할 것이 있다. 나이가 들수록 자신보다 나이가 어린 친구를 사귈 수 있는 능력이 더욱 절실히 필요하다는 점이다. 자기 또래만을 친구라고 고집한다면 나이가 들수록 친구로 삼을 수 있는 사람이 점점 줄어들 수밖에 없다. 세상의 변화에 잘 적응하기 위해서라도 자신보다 어린 친구를 갖는 것은 중요하다. 그래야 사회관계망으로부터 소외되거나 고립되지 않을 수 있다.

그렇다면 현재 우리는 서로 다른 연령, 서로 다른 세대의 사람들을 친구로 사귈 수 있는 준비가 되어 있을까?

이 질문에 긍정적으로 답변하기가 매우 어렵다. 사회 전반적으로 수평적인 의사소통보다는 수직적인 의사소통에 익숙한 데다가, 나이의 서열을 사람의 서열로 생각하는 연령 차별 의식이 강하기 때문이다. 나이가 어린 사람을 자신의 아랫사람이라고 생각하고 그와의 관계를 수직적인 위계 관계로 설정하는 경향이 있다. 이러한 관계 설정은 나이 많은 사람이 나이 어린 사람을 친구로 받아들이는 데 걸림돌이 되고, 나이 어린 사람이 나이 많은 사람을 친구로 느끼지 못하게 하는 요소가 된다. 친구란 수평적인 관계일 때 맺어지기 때문이다.

친구가 되려면 우선 그 관계에 적절한 말하기를 해야 한다. 친구는 수평적인 관계이니 수평적인 의사소통을 해야 한다. 그런데 수직적인 의사소통을 한다면 친구 관계는 맺어지기도 유지되기도 어려울 수밖에 없다. 이런 측면에서 서로 다른 연령, 서로 다른 세대 간에 친구가 되기 위한 준비는 나이가 어린 쪽보다는 나이가 많은 쪽이 더 부족하다고 할 수 있다.

우리는 흔히 어른답지 못한 사람 혹은 어른 대접을 일방적으로 요구하는 사람을 '꼰대'라고 부른다. 입으로는 친구라고 주장하면서 꼰대 같은 언행을 보인다면 친구가 될 수 없다. 꼰대로 느껴지는 사람을 친구로 삼고 싶은 사람은 없다. 꼰대질을 하는 그 사람도 자신에게 꼰대질을 하는 사람과 친구가 되고 싶지는 않을 것이다. 친구란 함께 있을 때 마음이 편하고 긴장감이 낮아지는 사람이다. 그런데 꼰대와 있으면 감정적 불편함을 느끼고 긴장감이 높아진다. 꼰대가 친구가 되기 어려운 이유다.

문제는 꼰대인지 아닌지의 판단이 내가 아닌 상대에게 달렸다는 점이다. 상대가 알려 주지 않는 한, 자신이 상대에게 꼰대인지 아닌지를 알 길이 없다. 그렇게 꼰대는 자신도 모르는 사이에 외로워진다.

우리는 좀 더 냉정해져야 한다. 당신이 꼰대와 친구가 되고 싶지 않은 것처럼 다른 사람도 꼰대와는 친구가 되고 싶어 하지 않는다. 당신은 꼰대인가 아닌가? 그렇게 생각하는 이유는 무엇인가? 외로움과 고립의 문제를 생각하면서 관계에 대해 깊이 고민하고 성찰하며 말하기를 새로 배우고 익혀야 한다.

'싸가지'와
'꼰대'의 판단 기준

하급자 혹은 아랫세대가 상급자 혹은 윗세대에게 가장 듣기 싫어하는 말이 '싸가지'라면, 상급자 혹은 윗세대가 하급자 혹은 아랫세대에게 가장 듣기 싫어하는 말은 '꼰대'일 것이다.

'싸가지'인지 아닌지를 판단하는 것이 다분히 상급자(혹은 윗세대)의 자의적인 판단일 수 있는 것처럼, '꼰대' 역시 그 판단 기준이 하급자(혹은 아랫세대)의 자의적인 판단일 수 있다. 어쩌면 우리는 '싸가지'와 '꼰대'의 덫을 스스로 만들어 기회를 잃고 있는지도 모른다.

하급자(혹은 아랫세대)는 상급자(혹은 윗세대)에게 배워야 할 것이 많다. 경험을 통해 얻은 윗세대의 지혜와 지식을 배우는 것은 아랫세대의 생애 주기에서 매우 중요한 일이다. 그런데 배우려 하지 않고 '꼰대'라고 퉁친다면 기회를 잃게 된다. 상급자(혹은 윗세대) 또한 하급자(혹은 아랫세대)에게 배워야 할 것이 많다. 새롭게 변하고 있는 세상, 다른 세대의 감성 등 새로운 관점을 수용하여 생각의 지평을 넓혀야 한다. 하지만 다름에 대해 호기심의 태도가 아니라 '요즘 애들은 싸가지가~'라며 경직되고 완고한 태도를 갖는다면 이 역시 기회를 잃는 일이다.

더 나은 나로 성장하기 위해서는 늘 배우는 자세를 가지고 변화해야 한다. 그렇다면 누군가를 한마디로 평가해 버리는 '싸가지'나 '꼰대'와 같은 표현은 가장 경계해야 할 것이다. '싸가지'라고 평가를 하는 내가 완고한 '꼰대'일 수 있고, '꼰대'라고 평가하는 내가 미숙한 '싸가지'일 수 있음을 잊지 말아야 한다.

자석이 되는 말, 용수철이 되는 말

관계에서 말은 자석이 되기도 하고 용수철이 되기도 한다. 말에는 관계를 끌어당기고 관계의 강도를 높이는, 자석이 되는 말이 있다. 하지만 동시에 상대를 밀어내고 튕겨 내는, 용수철이 되는 말도 있다. 자석이 되는 말하기는 좋은 관계를 가져다준다. 하지만 용수철이 되는 말하기는 관계의 단절을 통한 고립과 외로움을 가져다준다.

왜 그날의 대화는 어긋난 채 끝났을까

오래전 어느 날, 용무가 있어서 한 교수의 연구실을 찾은 적이 있다. 그와의 이야기는 처음부터 삐걱거렸다. 그의 말투는 단호했고, 논리는 부족해서 앞뒤가 맞지 않았으며, 태도는 일방적이었다. 우리의 대화는 앞으로 한 발짝도 나아가지 못했다. 더 이야기를 하는 것이 의미가 없음을 깨달은 나는 다음 일정을 핑계로 그의 연구실을 나왔다.

내 연구실로 돌아오면서 나는 근래 그와의 대화가 계속 이런 식이었다는 것에 생각이 미쳤다. 딱히 논쟁이 될 만한 사안이 아닌데도 이야기는 점점 꼬여 갔고 결국엔 상황을 수습하지 못한 채 자리를 파하곤 했다. 반복된 불통의 원인이 궁금해진 나는 그날의 대화를 복기해 보았다. 한 발 뒤로 물러나 관찰자의 시점으로 대화의 흐름을 짚으며 그와 나누었던 이야기를 분석해 보니, 매번 대화를 어긋나게 한 한마디 말을 찾을 수 있었다.

"아니, 그게 아니고요!"

들을 땐 미처 몰랐는데, 그리 길지도 않았던 대화 중에 그는 시종일관 이 말을 반복했다. 내가 하는 말마다 그게 아니라며 부정했지만 내 말을 제대로 이해하고 부정하는 것 같지도 않았다. 그러니 나는 그를 이해시키지 못했다고 생각하고 재차 설명을 이어 가려고 애를 썼다. 하지만 애를 쓸수록 대화는 평행선을 달렸고, 급기야 내 입에서도 "그게 아니고요"라는 부정적 표현이 나왔다. 그와의 대화에서 내 말은 수용되기보다는 튕겨졌고, 부당하게 튕겨지고 있다는 생각이 나 역시 그의 말을 수용할 수 없게 만들었던 것이다.

이 작은 사건을 계기로 나는 우리가 무의식중에 하는 말이 용수철이 될 수 있다는 걸 체감했다. 무언가를 멀리 튕겨 내보내는 기능을 하는 용수철 말이다. 이후 나는 용수철이 되는 말의 상대적인 개념으로서 자석이 되는 말을 생각하게 되었다.

나중에 안 사실이지만 당시 그는 인생에서 아주 힘든 시간을 지내고 있었다. 중요한 사람과 관계의 위기에 놓여 있었던 것이다. 불행히도 그가 겪고 있었던 관계의 위기는 다른 사람과의 관계에서도 위기를 가져오고 있었다. 그렇게 그는 외로워지고 있었고 그 외로움을 초래하는 가장 중요한 원인은 바로 그의 '말'이었다.

내 말의 자력을 높이려면 어떻게 해야 할까

우리는 말로 용수철을 만들기도 하지만 자석을 만들 수도 있다. 좋은 관계를 맺기 위해서 용수철이 아니라 자석이 되는 말을 해야 한다는 것은 자명하다. 그런데 문제는 내 말이 상대에게 용수철이 되고 있는지 자석이 되고 있는지를 본인 스스로 잘 파악하지 못한다는 데 있다. 자석이 되는 말을 하고 싶었는데 용수철이 되는 말을 해 버린다. 아니, 내 말이 상대에게 자석이 되었는지 용수철이 되었는지조차 파악하지 못한 채로 대화를 끝내는 경우가 대부분이다.

그렇다면 내 말이 지금 사람들과의 관계에서 자석이 되고 있는지 용수철이 되고 있는지 확인할 수 있는 방법은 없을까? 만약 용수철이 되고 있다면 그 용수철을 자석으로 만드는 방법은 없을까? 또 내 말의 자력을 높이는 방법은 무엇일까?

어쩌면 그 방법은 의외로 간단할 수도 있다. 우리는 화자이면서 동시에 청자이기 때문이다. 화자일 때는 알 수 없지만 청자일 때면 상대가 지금 내게 하는 말이 자석이 되는 말인지, 용수철이 되는 말인지를 너무나도 잘 알 수 있다. 그러니 자신의 말이 용수철이 아닌 자석이 되기를 바란다면, 더 나아가 자신의 말에 자력을 높이고 싶다면, 화자일 때는 말을 듣는 사람의 감수성을 가지고 하고, 청자일 때는 말을 하는 사람의 감수성을 가지고 들으면 된다. 내 말이 상대에게 어떻게 들릴지 생각하고, 또 말하는 사람의 입장에서 그의 말을 들어 보는 것이다. '성찰적 말하기와 배려의 듣기'라고 요약할 수 있다.

이를 위해 가장 필요한 것은 대화를 마친 후 나와 상대가 주고받은 말들을 뒤돌아 살피는 일이다. 특히 대화가 빗나가고 어긋난 상황일 때 그 대화에 대한 성찰이 더 필요하다. 주고받은 말을 반추해서 대화가 어떤 흐름을 가지고 오갔는지를 짚어 보는 일은 상대와 더 나은 관계를 만들어 줄 것이다.

물론 성찰적 말하기와 배려의 듣기는 말처럼 쉽지 않다. 모두 자신의 입장에서만 말하고 듣기 때문이다. 용수철이 되는 말을 경계하고, 자신의 말에 자력을 높이는 일은 자연스럽게 익힐 수 있는 것이 아니다. 언어에 대한 지식을 쌓고 공부하며 노력을 기울여야 가능한 일이다. 이렇게 보면 언어를 공부하는 것은 인간을 공부하는 일이고 나아가 나와 내 삶을 챙기는 일이다.

세대 간 소통을 위한 '3요' 바루기

대학원생들과 회의를 하다 보면 공적 말하기에서 부적절한 말투가 나오는 경우가 있다. 이런 경우 나는 몇 번 관찰하다가 피드백을 해 주는 편이다. 그중 하나가 바로 '어떤 게요?'였다. 어떤 것인지 묻는 것은 전혀 문제가 없다. 문제는 그 말을 어떤 운율로 실현하는가이다. 운율이란 음높이, 쉼, 강약, 길이 등의 요소를 말한다. '어떤 게요?'가 아주 빠른 속도로, 말끝이 급격하게 올라가는 억양에 담기면 매우 공격적으로 들릴 수 있다. 그냥 묻는 게 아니라 싸우자는 투로 들리기 때문이다.

말싸움을 할 때 우리는 상대의 말이 끝나기가 무섭게 길이가 짧고 속도가 빠르고 음높이 변화 폭이 아주 크며 말끝이 매우 짧은 의문문으로 상대를 공격한다. 그 대학원생이 말한 '어떤 게요?'가 딱 그런 투였다. 그래서 그런 말투는 사적인 상황에서 친구끼리나 하는 것이라서 공적인 상황에는 어울리지 않는다고 이야기를 해 주었다. 그 학생은 말소리 연구자인 만큼, 내 말의 취지를 정확히 이해하고 그 말투를 다시는 구사하지 않았다.

이걸요? 제가요? 왜요?

그런데 얼마 전 MZ세대(2030세대) 신입사원들의 '3요'에 X세대(4050세대) 이상 상급자들이 긴장한다는 내용의 기사를 보게 되었다. '3요'란 '이걸요? 제가요? 왜요?'를 말한다. 현재의 상급자들은 자신이 하급자일 때 상급자가 뭔가를 지시하면 속으로는 불만이 있어도 토를 달지 않고 그냥 해야 한다고 생각하며 '하라면 하는' 문화 속에서 성장해 왔다. 그런데 막상 자신이 상급자가 되니 MZ세대 신입사원들은 자신의 지시에 '이걸요?', '제가요?', '왜요?'라고 반문하며 설명을 요구하니 낯설고 당황스러운 것이다.

3요에 대한 세대 간 입장 차이

먼저 우리는 신입사원과 상급자의 상황을 이해할 필요가 있다. 우선 신입사원의 입장을 생각해 보자. 신입사원들은 자신이 어떤 일을 해야 하는지 잘 알지 못한다. 전체적인 업무 파악이 되어 있지 않은 상황에서 이 일이 내가 해야 하는 일인지 아닌지를 판단하기는 쉽지 않다. 상급자가 아무런 설명 없이 어떤 일을 시키면 자신의 일이 늘어나는 만큼, 부당하다는 생각을 먼저 하게 된다.

그런 부당함을 그간 자신에게 익숙했던 언어로 표현한 것이 바로 '3요'인 것이다. 사회생활에 익숙하지 않아서 그런 상황에서는 어떻게 말하는 것이 적절한지 모를 가능성이 높다. 그러니 그냥 자신이 일상에서 해 왔던 말을 하는 것이다. 상급자는 신입사원의 이러한 상황을 헤아려야 한다.

이런 하급자의 태도에 상급자가 불만을 갖게 되는 것도 충분히 이해할 수 있다. 역할과 문화가 바뀐 탓이다. 자신도 하급자일 때는 상급자의 업무 지시 중에 부당하다고 생각되었던 바가 분명히 있었다. 그런데 자신이 상급자가 되어 보니 상급자로서 하급자에게 시킬 수 있는 범위의 일들이 무엇인지 알게 되었다. 그러니 업무 지시가 정당한 것임에도 불구하고 그런 반응을 보이는 신입사원의 태도가 오히려 부당하고 불쾌하다. 또한 자신이 신입사원일 때는 상급자의 부당해 보이는 지시에도 찍소리 못하는 문화였는데 찍소리가 아니라 3요라는 매우 도전적인 말을 공격적인 말투에 담아 반응하니 낯선 것이다.

어투에 묻어나는 태도가 문제

해법은 간단하다. 신입사원들이 고쳐야 하는 것은 '3요' 그 자체가 아니라 말투라는 것을 그들 자신과 상급자 모두 알아야 한다. 먼저 신입사원이 명심할 것이 있다. 상급자는 친구가 아니다. 그런데 친구와, 그것도 다툴 때 사용하는 말투로 상급자에게 묻는 것은 적절하지 않다. 이는 묻는 것이 아니라 안 하겠다고 선언하는 것으로 들리기 때문이다. 만약 신입사원 입장에서 왜 이 일을 내가 해야 하는지 궁금해서 상급자에게 질문을 하고자 한다면, 격식을 갖추어 더 길고 정중하게 말하는 것이 좋다. 납득이 되지 않는 부분을 구체적으로 알려 주기를 요청하는 정중한 말이 필요하다. 정중한 말은 짧지 않다.

상급자의 경우도 명심할 것이 있다. 앞서도 말했듯이 신입사원들은 아직 업무 파악이 안 된 상태여서 누가 어떤 일을 왜 해야 하는지 알기 어렵다. 기존의 문화는 물어서 알기보다는 경험을 통해 알아 가는 것이었다. 하지만 이는 업무 수행 면에서도 효율적이지 않다. 그러니 특히 신입사원에게 업무를 지시할 때는 구체적으로 지시하고 그걸 왜 해야 하는지 어느 정도 납득이 될 수 있도록 이야기해 주어야 한다. 만약 설명하기 어렵다면 그런 일은 안 시키는 편이 좋다.

누구나 신입사원이었다. 그리고 누구나 상급자로 성장하게 될 것이다. 그러니 자신이 신입사원일 때 상급자가 이렇게 지시했으면 했던 바람대로, 또 내가 상급자가 되었을 때 신입사원은 어떤 태도이기를 원하는지 생각하면서 소통할 필요가 있다. 서로 존중하는 문화 속에서 이루어지는 원활한 소통이 불필요한 갈등을 줄이는 방법이다.

서로 다른 언어의 주파수를 맞추려면
─관계 개선을 위한 말하기

사실, 어떤 말을 하는가는 어떤 관계인가를 보여 주기도 한다. 관계는 상호작용을 통해 말의 패턴을 고착시키기 때문이다. 우리는 어떤 사람을 만나느냐에 따라 아주 다른 말하기를 하기도 한다. 상대가 달라지면서 상호작용 양상이 달라질 수 있기 때문이다. 관계가 좋지 않은 사람들은 서로 용수철이 되는 말을 한다. 말로 만들어진 용수철이 상대에게도 용수철을 만들게 하는 통에, 서로가 서로를 밀어내고 튕겨 나가게 한다. 악순환에 빠지게 되는 것이다. 한편, 관계가 좋은 사람들은 서로 위로와 공감의 말을 주고받으며 관계의 강도를 높여간다. 자석이 자석을 부르며 선순환을 만든 결과다.

코드를 맞춘다는 것의 의미

우리는 흔히 '그 사람과 코드가 맞는다, 안 맞는다'고 말한다. 코드가 안 맞는 사람과 이야기를 하면 이야기가 계속 빗나가고 엇나가는 느낌을 받는다. 반면에 코드가 잘 맞는 사람과 이야기를 나누면 말을 주거니 받거니 하면서 시간 가는 줄을 모른다.

만약 코드가 맞는 사람과만 관계를 맺고, 맞지 않는 사람과는 관계를 맺지 않고 살아갈 수 있다면 고민할 이유가 없다. 하지만 삶이란 그렇게 단순하지 않다. 코드가 맞는 사람과만 소통하며 살 수 없는 것이 현실이며, 경우에 따라선 코드가 전혀 맞지 않는 사람과 피할 수 없는 관계가 되기도 한다. 그가 직장 상사일 수도 있고 동료나 하급자일 수도 있으며, 지도교수일 수도 있고 지도학생일 수도 있다. 심지어 가족 관계라면 피하기는 더욱 어렵다. 어쩌면 코드가 잘 맞는 사람보다는 잘 맞지 않는 사람들이 더 많은 것이 현실일 수도 있다.

그러므로 코드는 '맞고 안 맞고'라는 이분적 논리로 생각할 것이 아니라, '더 쉽게 맞출 수 있고 더 맞추기가 어렵고'라고 유연성을 갖는 것이 좋다. 즉, 고정된 '상태'가 아니라 바뀔 수 있는 '동작'으로 인식하는 것이 현명하다.

코드를 맞춘다는 것은 언어의 주파수를 맞춘다는 뜻이다. 이런 맥락에서 소통이란 사람마다 다른 언어의 주파수를 서로 맞춰 가는 일이라고 할 수 있다. 코드가 잘 맞는 사람이란 서로의 주파수가 그리 다르지 않아서 주파수 튜닝이 상대적으로 쉬운 사람이다. 반면에 코드가 잘 맞지 않는 사람이란 서로의 주파수가 너무 달라서 튜닝에 힘이 많이 들어가는 사람이다.

피할 수 없는 관계라서 서로 언어의 주파수를 맞춰 가야 한다면, 또 관계가 어그러진 사람과 이를 개선하기 위해 언어의 주파수를 맞추는 노력을 하고 싶다면 어떻게 해야 할까?

대화의 맥락 되짚어 보기

가장 좋은 방법은 오간 말들을 분석해 보는 것이다. 분석을 하려면 자료가 필요하다. 정확한 자료를 얻는 가장 효율적인 방법은 녹음이나 녹화일 것이다. 하지만 그러기 위해서는 상대의 동의를 받아야 한다. 동의를 받지 않은 녹음이나 녹화는 범죄 행위다. 동의를 받았다고 해도 녹음이나 녹화를 하는 상황에서는 자연스러운 말이 오가기 어렵다. 그러니 현실적으로 녹음과 녹화를 통해 일상의 대화를 분석하는 건 불가능한 셈이다.

그래서 말하기 장면을 기억할 필요가 있다. 모든 대화의 장면을 기억하기는 쉽지 않기에 대화를 반추해 보는 습관을 갖는 노력이 필요하다. 특히, 대화가 매끄럽지 않게 흘러간 경우라면 더더욱 기억을 더듬어 그 맥락을 되짚어 보는 시간을 가질 필요가 있다. 이 시간을 통해 서로 주고받는 말의 패턴을 분석하면서 나는 상대의 말에, 상대는 나의 말에 어떻게 반응하는가를 객관적으로 파악해 본다. 분석의 과정에서 내가 상대의 어떤 말 때문에 상대에게 수용되지 못한다는 느낌을 받았는지 확인하고, 나는 상대에게 어떤 말을 했는지를 떠올리며 그 말이 상대를 수용하는 말하기였는지 아니면 밀치고 튕겨 내는 말하기였는지를 성찰한다.

관찰과 분석이 차이를 만든다

극단적인 두 상황의 말하기를 기억하고 분석하여 비교해 보는 것도 필요하다. 만나면 유독 마음이 편해지고 다시 만나고 싶어지는 사람이 있을 것이다. 그런 사람과의 대화를 마치고 기억을 더듬어 그 사람과 내가 어떤 말을 나누는지 분석해 본다. 그 상황에서 나는 상대의 어떠한 말에 수용되는 느낌을 받았는지, 그런 상대의 말을 나는 어떤 태도로 받아들이고 반응하는지 확인해 본다. 또, 이와 반대로 만나면 유독 말이 잘 통하지 않는 사람이 있을 것이다. 그를 떠올리며 위와 같은 방법으로 그 사람과 내가 나눈 말을 분석하고 확인해 본다. 메타인지를 활용하여 자신을 말하기 장면과 분리하여 관찰자의 입장에서 바라보는 것이다.

그런 다음 두 말하기 상황을 비교하되, 관찰의 중심을 나의 말하기에 한 번, 상대의 말하기에 한 번씩 두고 파악해 본다. 먼저 관찰의 중심을 나의 말하기에 둔 후에 두 상황, 즉 소통이 잘 이루어지는 상황과 그렇지 않은 상황에서 내가 상대에게 어떤 말을 했는지를 확인해 본다. 그리고 내가 하는 말이 상대에 따라 다른지, 다르다면 어떻게 다른지, 왜 달리 말하게 되는지를 생각해 본다. 그다음은 상대의 말하기에 관찰의 중심을 두고 대화를 분석해 본다. 상대가 내게 어떤 말을 했는지, 상대가 나의 말에 어떻게 반응하는지, 두 상황에서 상대의 말이 어떻게 다른지를 비교해 보는 것이다.

이런 관찰과 분석은 관계의 문제를 푸는 데 큰 도움이 된다. 관계를 변화시키고 싶다면 말을 바꿔야 한다. 관계에 따라 변화하는 내 말을 발견하는 것이 이를 바꿀 수 있는 출발점이 된다. 내 말이 바뀌면 상대의 말도 바뀔 수 있다. 대화를 분석하는 힘이 강해지면 대화 상황에서도 실시간 이루어지는 대화를 객관적으로 바라보는 능력이 생기게 된다. 그 능력을 통해 대화의 방향을 변화시킬 수 있다. 결국, 말하기를 관찰하고 분석하는 일은 나를 이해하고 상대를 이해하게 해 준다. 이러한 이해는 서로의 관계를 개선하는 출발점이 된다.

생활 속으로

좋은 관계에는 '이심전심'보다 '이언전심'

우리가 흔히 사용하는 말 중에 '이심전심'이라는 말이 있다. 마음과 마음이 서로 뜻이 통한다는 뜻이다. 원래는 법통을 계승할 때 쓰였던 불교 용어로, 부처의 진리는 마음을 깨달은 사람에 의거하여 마음을 깨달은 사람에게 전승된다는 뜻이다. 하지만 이 말은 종종 관계의 문제를 악화시키는 계기가 되고 있는 듯하다.

"그걸 뭐 말로 꼭 해야 아나? 이심전심이지!"

이때 사용된 이심전심은 권력이 큰 사람이 권력이 작은 사람에게 말하지 않아도 자신의 뜻을 파악할 것을 일방적으로 요구하는 말이 된다. 말하지 않아도 알아줄 것을 요구하는 사람은 늘 권력이 큰 사람이고, 말하지 않아도 알아야 한다고 요구받는 사람은 늘 권력이 작은 사람이다. 이런 맥락에서 사용되는 이심전심은 권력관계를 설정한다.

또한, 이렇게 사용된 '이심전심'은 말하는 사람의 자기중심적인 착각이자, 자신이 제대로 표현하지 못하는 것에 대한 회피와 변명이라고 할 수 있다. 내가 상대에게 이심전심을 요구하려면 나 역시 이심전심으로 상대의 마음을 알아야 한다. 만약 내가 상대의 마음을 알고 있었다면, 내 마음을 말로 구체화하지 않으면 상대가 알아듣지 못한다는 것을 파악했을 테니 상대에게 이심전심을 요구하지 않았을 터다. 이심전심이란 말이 얼마나 일방적인 요구인지 알 수 있다.

이심전심을 상대에게 요구하는 것은 부당하다. 자신의 마음을 자신의 의도대로 알아주어야 할 의무가 상대에게는 없다. 그런 의무를 상대에게 요구하는 것은 폭력이다. 법통을 계승할 때야 이심전심이겠지만 인간관계에서 이심전심은 없다고 생각하는 자세가 좋은 관계를 위해 필요하다.

전하고 싶은 마음이 있다면 알아주길 바라지 말고 말로 표현해야 한다. 내 마음은 표현하지 않으면 상대가 알 수 없다. 상대가 표현하지 않으면 나도 상대의 마음을 알 수 없는 것처럼 말이다.

좋은 관계를 위해서는 이심전심이 아니라 이언전심(以言傳心)임을 명심해야 한다. 즉, 자신의 마음은 상대에게 '마음'으로 전하는 것이 아니라 '말'로 전하여 알아들을 수 있게 해야 한다.

마음을 닫게 하는 '아니'로 시작하는 말

용수철이 되는 말의 가장 대표적인 예는 '아니'로 시작하는 말이 아닐까. 생각보다 우리는 말의 시작을 '아니'로 하는 경우가 많다. 상대의 말을 부정할 때 '아니, 그게 아니라'라고 응하는 경우는 물론, 대화의 첫머리에 '아니, 그게', '아니, 내가', '아니, 말야' 등등과 같이 습관적으로 '아니'를 사용한다.

특히 관계의 문제에서 생각할 때, 우리는 말의 시작에서 입버릇처럼 쓰이는 '아니'에 대해 살펴볼 필요가 있다. 이렇게 쓰인 '아니'의 가장 중요한 기능은 발언권을 획득하고 청자의 주의를 집중시키는 것이다. '아니'는 상대의 이야기를 부정하는 것이니 당연히 발언권을 가져올 수 있고 청자의 주목을 끌 수밖에 없다. 하지만 대화에서 이런 전략을 남용하는 것은 그리 긍정적인 결과를 가져오지 못한다. 그 누구라도 자신의 말을 부정당하는 것이 유쾌할 리는 없으니 말이다.

그럼에도 불구하고 왜 우리는 '아니'로 시작하는 말을 자주 사용하는 것일까?

'아니죠!'로 얻게 되는 발언 기회,
'아니죠!'로 잃게 되는 좋은 관계

그 이유를 잘 보여 주는 일화가 있다.

아주 오래전의 일이다. 학회를 마친 후 참석자 중 일부가 뒤풀이를 가졌다. 10명 안팎이 모여 하나의 화제를 가지고 이야기를 나누고 있었는데, 어느 순간부터 A 교수가 발언권을 독점하고 있음을 깨달았다.

A 교수는 50대 후반 정도였고 그 자리에 있던 사람들은 대부분 그보다 훨씬 젊은 연구자들이었다. A 교수는 자신이 맡은 프로젝트와 그 뒷이야기, 국가 프로젝트를 기획하기 위해 관료들을 만나 설득한 이야기 등을 신나게 풀어놓았다. 길었던 그의 이야기가 끝나고 다른 누군가가 이야기를 시작했다. 그런데

입을 뗀 지 얼마 지나지 않아 어느새 또 A 교수가 발언권을 거머쥐고 있었다.

자세히 살펴보니 A 교수가 모든 대화를 독점할 수밖에 없는 이유가 있었다. 누군가 발언을 시작하면 바로 A 교수가 '아니죠'를 외쳤기 때문이다. 그는 누가 무슨 얘기를 시작해도 불과 몇 초 되지 않아 '아니죠!'를 외치며 말차례를 가지고 와서 자신의 말을 이어 갔다.

그 패턴에 주목하기 시작하면서 나는 그의 말을 관찰했다. 뒤풀이가 끝날 때까지 그는 누가 무슨 말을 하든 정말 한결같이 '아니죠'로 시작하는 말로 응대했다. 예상을 벗어나지 않는 그의 '아니죠' 덕분에 속으로 한참을 웃었던 기억이 떠오른다. 어쩜 그렇게 상대의 말은 다 틀리고 자신의 말은 다 맞을 수 있을까?

사실 앞선 이들의 이야기가 그리 틀린 것도 아니었다. 맞다, 틀리다를 따지기 어려운 이야기도 있었고, 말의 시작 부분이라 아직 무엇을 말하려는지 선명하지 않은 경우도 있었다. 하지만 A 교수는 상대의 말이 무엇이든 무조건 바로 '아니죠'라고 부정하면서 자신의 말을 시작하는 디딤돌로 삼았다. 그러니까 A 교수에게 '아니죠'는 발언권을 획득하고 말을 이어 갈 수 있는 매우 강력한 도구였던 것이다.

그 자리는 심각한 담론이 오가는 토론 석상이 아니었다. 회원들의 사교와 친목을 위해 마련된 뒤풀이 자리였다. 그런데 왜 A 교수는 '아니죠'를 외치며 발언을 독점하려 했을까?

그때는 잘 몰랐는데 지금 돌이켜 보면 A 교수는 많이 외로웠던 것 같다. 자신의 말을 들어 주는 사람이 별로 없어서 말이 고팠던 탓에, 열심히 들어 주는 사람들 앞에서 그간에 쌓아 둔 말들을 한꺼번에 쏟아 내느라 다른 사람들을 살피지 못했던 것 같다. 자신의 허기를 채우기에 급급한 나머지 상대의 기회마저 모두 빼앗았던 게 아닌가 싶다.

어쩌면 A 교수가 진짜 고팠던 것은 말이 아니라 관계였는지 모른다. 관계의 단절은 대화의 단절을 낳고, 대화의 단절은 자신을 표현하는 기회를 잃게 한다. 그런데 그렇게 기회를 잃어 버리면 미숙함을 보완할 계기를 얻지 못하게 되기 때문에 관계가 더 악화되는 악순환에 빠지게 된다. 기회가 없어 하지 못하고, 하지 못하니 잘 못하게 되고, 잘 못하니 관계를 형성하기 어렵고, 관계를 만들지 못하니 기회를 얻을 수 없게 되는 것이다.

A 교수는 '아니죠'로 발언 기회를 얻었지만, 결국 그 '아니죠' 때문에 관계를 잃어 왔던 것일 수도 있다.

알게 모르게 많이 쓰는 '아니'라는 말

대부분의 한국어 사용자들은 '아니'의 과도한 사용에 대해 의식하지 못한다. 나 또한 의식하지 못하다가 우연한 기회에 '아니'의 사용에 주목하기 시작하면서 우리가 얼마나 많이 '아니'를 사용하고 있는지를 깨닫게 되었다.

지인들과의 모임에서 우리나라 사람들이 말을 시작할 때 '아니'를 정말 많이 쓴다는 이야기를 했다. 그랬더니 참석자들 모두 나는 안 그런다며 고개를 저었다. 사람들의 반응을 본 나는 정말 안 그러는지 이 자리에서 확인해 보자고 제안했다. 대화 중에 누군가가 '아니'라는 말을 하면 서로 지적해 보기로 했는데, 얼마 지나지 않아 모두 놀랐다. '아니' 없이는 말을 할 수 없을 만큼, 습관적으로 '아니'를 엄청나게 많이 사용한다는 것을 깨달았기 때문이다.

집에 가서 남편에게도 우리나라 사람들의 '아니' 사랑에 대해 이야기했다. 남편 역시 지인들과 같은 반응이었다. 자신은 그런 말을 자주 쓰지 않는 것 같다고 했다. 그래서 이번에도 '아니'로 말을 시작하면 서로 지적해 보기로 했는데 몇 초도 되지 않아서 남편은 '아니'로 말을 시작했다. 그 이후에도 '아니'로 시작하는 남편의 말이 거듭 이어졌다. 오래 지나지 않아 남편 스스로도 자신이 '아니'로 시작하는 말을 그렇게 많이 사용하는지 몰랐다며 인정했다.

나 중심의 말하기에서 벗어나려면

이처럼 우리나라 사람들은 '아니'를 말의 시작에서 정말 많이 사용한다. 그런데 이때 대부분의 '아니'는 담화 표지로서의 기능을 수행한다. 담화 표지란 말의 내용에는 직접적인 영향을 미치지 않는 언어적 요소로, 주로 담화상의 기능을 위해 사용되는 언어 표현을 말한다. 구어에서 사용되는 담화 표지로서의 '아니'는 부정적인 의미를 적극적으로 드러내는 어휘적 기능이 아니라, 문장 내에서 말을 연결하거나 화자의 태도나 담화의 구조를 표시하는 담화적 기능을 수행한다.

연구에 따르면 담화 표지 '아니'는 화제가 바뀌는 위치에서는 사용되지 않고, 기존의 화제를 지속하는 과정에서만 사용되며, 세 가지 의미를 갖는다고 한다. 첫째, 화제의 내용이 예상에서 벗어남에서 오는 의아함이나 당황 등의 감정 표현을 위한 것, 둘째, 자신의 의도를 해명하고 부연하기 위해 화제를 지속하기 위한 것, 셋째, 발언권을 획득하고 청자의 주의를 집중시키기 위한 것이 그것이다.[8]

그런데 왜 하필 '아니'를 한국어 사용자들이 말의 첫머리에 일상적으로 흔히 사용하는가에 대해서 아직 뾰족한 답을 찾을 수 없지만 깊이 생각해 볼 필요가 있다. 이 질문에 답을 찾는 일은 우리 문화를 성찰하는 일이 될지도 모르기 때문이다.

어휘적 의미가 담겨 있든 아니든 '아니'는 상대에게 부정적인 느낌을 주는 말이다. 자석이 되는 말보다는 용수철이 되는 말을 만들 가능성이 높다. 일단 상대의 입에서 부정적인 말이 나오는 것은 관계에 좋은 영향을 미치기 어렵다.

이런 깨달음을 얻은 나는 강연에서 '아니'의 습관적 사용을 자각하고 '아니'의 사용을 줄여 보자고 제안한다. '아니'만 주의해서 써도 우리는 '나 중심'의 말하기에서 벗어나서 상대에게 닿을 수 있는 말하기를 할 수 있지 않을까. 또한 이를 첫걸음 삼아 '아니' 외에 부정적인 느낌을 주는 말들을 습관적으로 사용하고 있지는 않은지, 미처 인식 못 하는 자신의 말버릇을 잘 살펴보고 성찰할 수 있으면 더욱 좋을 것이다.

'아니시에이팅'에 대한 고찰

'아니'로 말을 시작하는 한국인의 말습관을 잘 반영한 것이 게임 사용자들이 만들어 낸 '아니시에이팅'이라는 말이다. 사람들이 '아니'로 말을 시작한다는 점을 꼬집어서, '아니'라는 말에 '개시'를 뜻하는 'initiating'을 붙여서 만든 말이다. 특히 게임 사용자들 사이에서 남 탓의 시작을 알리는 말이며, 팀원들 사이에 내분이 일어날 때 사용된다는 점에서 자조적으로 '전쟁의 서막'을 알리는 표현이라고도 한다.

'아니'와 관련해서 '한국어의 4대 문장 시작 요소'라는, 한 온라인 커뮤니티에서 화제를 모았던 그림도 빼놓을 수 없다. 한 익명의 누리꾼이 한국어에서 자주 사용되는 담화 표지인 '아니, 근데, 진짜, 시X(욕)'을 수학의 사분면에 넣어 표시한 그림이다. 그림을 보면 x축의 오른쪽(+)에는 '공격적', 왼쪽(-)에는 '방어적', y축의 위쪽(+)에 '능동적' 아래쪽(-)에는 '수동적'이라는 축의 이름을 붙여서 각 분면에 네 개의 담화 시작 표지를 하나씩 배치했다. 1사분면인 능동적이며 공격적인 위치에 '시X(욕)', 2사분면인 능동적이고 방어적인 위치에 '진짜', 3사분면인 수동적이고 방어적인 위치에 '근데', 4사분면인 수동적이고 공격적인 위치에 '아니'를 두었다. 이 그림은 인터넷을 타고 급기야 '아니시에이팅의 언어학적 분석'이라는 이름으로도 알려졌다.

이 그림을 만든 사람은 한국어 사용자들이 가장 많이 쓰는 담화 시작 표지 네 개의 사용 상황을 직관에 딱 맞게 정말 잘 분석했다. 기가 막힌 분석이다. 이 그림은 '아니'가 왜 대화에서 용수철이 되는지, 왜 대화를 매끄럽지 않게 하는지를 잘 말해 준다. 수동적 공격을 표현하는 말인 '아니'만 말의 시작에서 사라져도 대화는 훨씬 더 잘 이어질 수 있다.

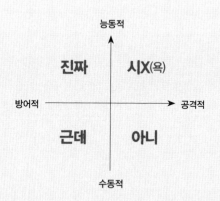

온라인에서 화제를 모았던 '아니시에이팅의 언어학적 분석'

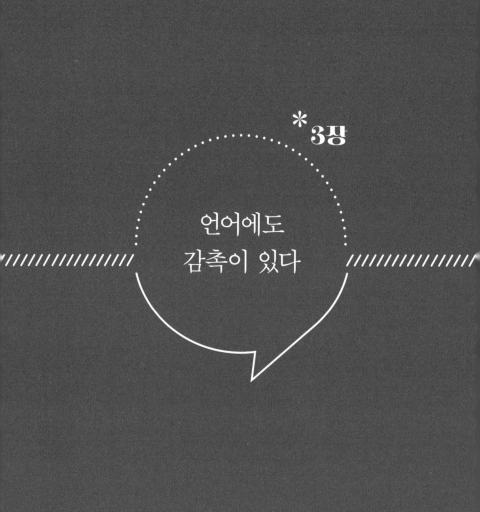

*3장

언어에도
감촉이 있다

내 말은 어떤 감촉을 지녔을까

어느 해 여름이 막 시작하려는 때였다. 강연을 요청하는 전화 한 통이 걸려 왔다. 마음의 빚이 있는 기관의 요청이어서 자세한 내용을 듣지도 않고 바로 수락했다. 그런데 강연 주제를 듣고 몹시 당황스러웠다. '따뜻한 말 한마디'에 대해 이야기해 달라고 했기 때문이다. 이 주제에 대해서는 한 번도 생각해 본 적이 없어서 몹시 난감했다. 아차 싶었지만 이미 때는 늦었다. 수락을 해 버린 뒤가 아닌가. 나의 난감한 속내는 고스란히 상대에게 전달되었고 곧이어 더 무서운 말이 돌아왔다.

"교수님, 너무 부담 갖지 마세요. 그냥 편안하게 교수님께서 하시고 싶은 말씀을 해 주시면 됩니다."

부담스러운 상황에서 부담 갖지 말라는 말보다 더 부담스러운 말이 또 있을까? 이 말은 묘하게도 부담스럽지 않을 때 들으면 전혀 부담스럽지 않은데, 부담을 느끼는 상황에서 들으면 부담감을 더 느끼게 한다.

물론 내게 부담을 주려고 이 말을 한 게 아니라는 걸 모르는 바가 아니다. 오히려 위로와 격려의 말이라는 것도 잘 안다. 다른 사람에게 뭔가를 부탁하면서 할 수 있다고 용기를 주기 위해 나도 자주 쓰던 말이 아니던가.

몇 분 남짓의 짧은 전화 통화를 하면서 나는 평소 큰 의미를 두지 않고 '그냥' 하는 의례적이고 상투적인 말일수록 듣는 사람의 상황에 따라 매우 달리 들릴 수 있음을 몸소 체험했다. 어떤 말은 말하는 사람의 의도와 달리 듣는 사람의 상황에 따라 부담을 넘어 공포감이 들게도 할 수 있겠구나 싶었다. 말이란 할 때와 들을 때 이렇게 먼 거리를 갖게 된다는 것을 실감하며, 상대의 입장에서 말하고 듣는 것이 얼마나 어려운 일인지 다시금 깨닫게 된 순간이었다.

사람마다 고유한 말의 감촉

그날부터 '따뜻한 말 한마디'는 내 머릿속을 둥둥 떠다니기 시작했다. 강연은 다가오고 무슨 말을 해야 할지 도저히 떠오르지 않았다. 그러다가 문득 이런 생각이 들었다. 왜 이 주제가 이토록 내게 어렵게 느껴지는 걸까?

말에서 우리는 다양한 감촉을 느낀다. 내가 상대의 말을 통해 느끼는 것처럼 상대도 내 말을 통해 다양한 감촉을 느낄 것이다. 내 말은 어떤 감촉으로 상대에게 다가가고 있을까? 더 정확히 말해서 나는 어떤 감촉을 느끼게 하는 말을 주로 사용하고 있을까? 또 나는 나의 말에서 어떤 감촉을 느끼기를 바라고 있을까? 이런 생각을 하다가 문득 깨달았다. '따뜻함'은 내 말의 감촉도, 내가 추구하는 말의 감촉도 아니라는 것을.

직업 특성상 나는 따뜻함보다는 '날카로움'을 훈련받아 왔다. 냉철하고 이성적이며 정확한 언어를 구사해야 한다고 배웠고 그렇게 벼려지는 내 언어가 나는 참 마음에 들었다. 어느새 뭉개거나 두루뭉술하게 표현하는 것은 '악'이고, 정확하고 날카롭고 뾰족하게 표현하는 것이 '선'이라는 생각이 깊이 뿌리박혔다. 렌즈의 초점을 맞추듯, 라디오의 주파수를 맞추듯, 내 말이 목표 과녁에 가서 정확히 꽂히기를 바랐다. 벙벙하게 퍼지고 흐물흐물 늘어지는 것을 원치 않았다.

이렇게 내가 원하고 추구해 온 말, 내 말의 감촉에 대해 돌이켜 보면서, 그간 나는 따뜻한 말보다는 날카롭고 빈틈없는 말을 훨씬 더 익숙하고 편안하게 느껴 왔다는 걸 깨달았다. 그리고 말의 온기에 대해서는 생각해 본 적도, 그런 온기가 필요하고 그립다고 생각해 본 적도 별로 없었다는 결론에 이르게 되었다.

듣는 말 vs. 듣고 싶은 말

그렇다면 일반적으로 사람들이 상대의 말에서 느끼고자 하는 감촉은 무엇일까? 다양한 통로로 알아보기 시작했다. 그리고 그 감촉이 바로 '따뜻함'이라는 결론에 이르렀다. 그 뒤 다시 '따뜻함'의 관점에서 일상의 언어를 살펴보았다. 내 입에서 나오는 말부터 다른 사람들의 입에서 나오는 말들은 물론, 드라마의 대사와 관찰 예능에 이르기까지 다양한 말들을 관찰했다. 그리고 깨닫게 되었다. 왜 사람들이 따뜻한 말 한마디를 그리워하는지를.

이유는 간단했다. 듣고 싶은 말과 듣고 있는 말 사이의 괴리 때문이었다. 따뜻한 말을 듣고 싶은데 따뜻한 말을 듣지 못하니 따뜻한 말이 그리운 거였다. 따뜻한 말 한마디를 모두 듣고 싶어 하지만 정작 듣고 싶어 하는 사람도 하지는 않는다. 듣고 싶다면 해야 하는데, 하지는 않고 듣고만 싶어 한다.

이런 생각을 정리하면서 강연을 준비할 수 있었다. 그리고 강연에서 나는 사람들에게 한 가지 제안을 했다. 우리가 말에 온기를 불어넣는 첫 세대, 따뜻한 말을 다음 세대에게 물려주는 첫 번째 세대가 되자고 말이다.

사람들이 '따뜻한 말'을
듣고만 싶어 하는 이유

우리 주변에서 흔히 오가는 말들의 온기는 어떨까. 우선 온기가 가득해야 하는 명절에 오가는 말들부터 관찰해 보자. 떨어져 살던 가족들이 한데 모이면 어떤 말들을 서로 주고받는지 말이다. 모두 모여 따뜻한 음식은 나누지만 따뜻한 말을 나누지는 않는 듯하다. 명절마다 등장하는 언론의 단골 기사가 '명절에 하지 말아야 할 말'이라는 점만 봐도 그렇다. 이 기사들은 명절 스트레스의 주범이 '과도하고 부적절한 관심을 드러내는 말'이라는 점을 알려 주고 있다. 심지어 그런 말들 때문에 명절에 본가를 방문하기 싫다는 사람도 많다.

서로 만나 먼저 나누는 말은 서로에 대한 감사의 마음을 표하는 말이어야 한다. 멀리서 온 가족을 맞이하는 첫마디는 '와 줘서 고맙다, 만나서 반갑다, 모두 모여 행복하다'는 말이어야 한다. 그리고 모일 수 있도록 애쓴 가족에게는 '준비해 줘서 고맙다, 준비하느라 고생했다'처럼 수고에 감사를 표하는 말이어야 한다.

말의 온기를 앗아 가는 태도

하지만 이런 말들은 생략되기 일쑤다. 꼭 해야 하는 말이라고 생각하지 않기 때문이다. 가까운 가족일수록 '그걸 뭐, 꼭 말해야 아나? 말 안 해도 다 알지!'라고 생각하는 듯하다.

그런데 문제는 이렇게 생각을 하는 쪽이 애쓰고 고생한 사람들이 아니라 그 수고의 수혜자들이라는 데 있다. 애쓰고 고생한 사람들도 같은 생각이라면 무슨 문제가 있겠는가? 하지만 그들은 자신의 수고를 알아주는 따뜻한 말 한마디를 듣고 싶어 한다. 결국 듣고 싶어 하는데 해 주지 않는 것이 문제의 핵심이다. 정작 그 말을 해 주어야 하는 사람들은 다른 이의 수고를 당연한 것으로 여기거나, 속으로는 감사해도 굳이 말로 표현하지는 않아도 된다고 생각한다. 바로 이런 태도가 말의 온기를 앗아 간다. 그리고 따뜻한 말 한마디를 그립게 만든다.

그렇다면 우리는 해야 하는 감사의 말 대신 어떤 말을 서로 나누고 있는가? 가족 간에 오가는 흔한 말은 서로의 문제점을 지적하거나 선을 넘는 질문들이다. 이런 잔소리와 불편한 관심 때문에 스트레스를 받는다는 조사 결과가 매 명절마다 언론을 장식한다. '배가 그게 뭐니? 살 좀 빼라!', '너무 말랐다. 운동 좀 해라!', '옷이 그게 뭐니? 머리도 좀 잘라라!' 등등 외모에 대한 과도한 관심과 지적부터 '졸업하고 뭐 할 거니? 취업은 안 하니?', '만나는 사람은 없니? 결혼은 안 하니?', '연봉은 얼마니? 승진은 언제 하니?', '애는 안 갖니? 둘째 계획은 없니?' 등과 같이 답하기 곤란한 질문만 넘쳐 난다.

명절에나 겨우 만나는 친척 어른들이 이런 식이다. 만나면 반가운 인사 대신 피하고 싶은 질문을 해 댄다. 만날 때마다 같은 질문을 하는 것을 보면 다음에 만나도 또 비슷한 질문을 할 게 뻔하다. 똑같은 답을 하기도 이제는 지친다. 답을 듣는 태도로 미루어 그리 궁금한 것 같지도 않다. 관심도 별로 없어 보이는데 왜 만나면 개인적이고 민감한 문제에 대해 묻는지 이해가 되지 않는다. 첫 질문에 제대로 답하면 더 피곤한 질문들이 꼬리를 문다. 그러니 아예 시작을 안 하는 게 상책이다.

그런데 더 놀라운 것은 분명히 어른들의 그런 말이 듣기 싫다고 고개를 절레절레 흔들던 사람이 막상 그 나이가 되어서는 똑같은 질문을 한다는 것이다. 친척 어른들이 자신에게 던지던, 그 유쾌하지 않던 질문의 레퍼토리를 소중한 유산처럼 배우고 익혀서 다음 세대에게 그대로 물려주려는 듯이 말이다. 생애 주기에 맞춘 그 질문 목록은 그렇게 면면히 세대를 넘어 이어지고 있다.

밥상과 선물을 앞에 두고 하는 말

명절만이 아니다. 매일 마주하는 밥상 앞에서는 어떤 말이 오가는가? 차린 음식이 맛있을 때, 말은 사라진다. 수저만 바쁘게 오갈 뿐이다. 말이 많아지는 건 차린 음식이 맛이 없거나 마음에 들지 않을 때다. '간이 안 맞는다', '반찬이 이게 뭐냐' 등등 타박의 말이 넘친다. 차린 사람 마음은 아랑곳하지 않는다. 맛이 있든 없든 차린 사람에게 감사의 마음을 온기 가득 전해야 마땅하지만, '고맙다', '맛있다', '수고했다'와 같은 따뜻한 말은 안 해도 그만이라고 생각하는 것 같다.

이처럼 내게 괜찮으면 말은 사라지고, 내게 안 괜찮을 때 말이 피어난다.

이는 대부분의 가정에서 밥상머리의 말 풍경이 침묵으로 일관되거나, 설혹 말이 나와도 부정적인 지적과 힐난으로 점철되는 이유와 무관하지 않을 것이다. 따뜻한 감사와 칭찬의 말은 안 해도 그만이라고 생각하고, 내게 불편한 것, 상대의 부족한 것은 반드시 짚고 넘어가려는 태도가 은연중에 드러나는 것이다. 덕분에 긍정적인 말이 아니라 부정적인 말이 밥상의 말 풍경이 되는 경우가 허다하다.

이번에는 선물을 받을 때 우리가 어떤 말을 하는지 생각해보자. 가까운 사람일수록 선물을 받으며 먼저 하는 말은 고맙다는 인사가 아니다. 특히 어른들의 입에서는 고맙다는 말에 앞서 '뭘 이런 걸 사 왔냐', '여유도 없을 텐데, 너희들이나 쓰지'와 같은 말이 먼저 나온다. 이는 주는 사람의 마음보다 받는 자신의 마음이 먼저 표현된 말이다. 주는 마음을 먼저 헤아린다면 받는 사람은 어떤 말을 해야 할까?

이 질문에 답하기 위해 선물이라는 말의 뜻부터 새겨볼 필요가 있다. 선물(膳物)을 사전에서 찾아보면 '남에게 어떤 물건 따위를 선사함, 또는 그 물건'이라고 풀이되어 있다. 풀이에 있는 '선사(膳賜)'라는 말은 '존경, 친근, 애정의 뜻을 나타내기 위해서 남에게 선물을 줌'을 뜻한다. 그러니까 선물을 더 세밀하게 풀이하면 '존경, 친근, 애정의 뜻을 담아 남에게 주는 물건'이라고 할 수 있다.

이처럼 선물이란 그냥 물건이 아니다. 마음이 담긴 물건이다. 그래서 우리는 선물을 받을 때 물건 자체보다는 물건으로 대신

한 마음을 받는 것이다. 그렇다면 우리는 선물을 받으며 어떤 말을 해야 할까? 답은 너무 쉽다. 선물은 마음을 전하는 것이므로, 선물한 사람의 마음에 대한 감사를 표현하는 말을 해야 한다.

그런데 불행히도 우리의 입에서는 '고맙다, 감사하다'처럼 마음을 받을 때 어울리는 말보다는, '뭘 이런 걸 사 왔냐'처럼 물건을 받을 때나 어울리는 말이 먼저 나온다. 한국어를 쓰는 사람이라면 한 번쯤 해 봤음 직한 이 말은 선물을 받는 우리의 태도에 대해 다시 생각하게 한다. 선물을 받는 사람은 물건이 아니라 마음을 받는 태도를 표현해야 한다.

호의는 일단 사양해야 한다?

이뿐만이 아니다. 우리는 누군가가 베푸는 호의를 "네, 감사합니다"라고 말하며 기꺼이 받아들이기보다는 "아뇨, 괜찮습니다"라고 말하며 일단은 사양하곤 한다. 누군가가 베푸는 호의를 한번에 덥석 받는 것은 염치가 없는 일이라고 생각하는 문화 속에서 자랐기 때문이다. 우리의 머릿속에는 한번에 덥석 상대의 호의를 받는 것은 예의에 어긋나는 행동이라는 생각이 뿌리 깊게 박혀 있다. 처음엔 사양하고 다시 권하기를 기다렸다가, 재차 제안하는 경우에 호의를 받는 것이 옳다는 생각을 암묵적으로 공유하고 있다.

바로 이러한 생각이 우리의 언어 사용에 그대로 투영되어 있다. 그러다 보니 사실은 호의를 받고 싶은 마음이 있더라도 선뜻 "네, 감사합니다"라는 말이 나오지 않는다. 그 호의를 받고 싶은 마음이 아예 없는 것도 아닌데 입에서 먼저 튀어나오는 말은 "아뇨, 괜찮습니다"라는 사양의 말이다. 호의가 내게 몹시 절박한 경우가 아니라면 말이다.

그렇다면 이런 사양의 말이 호의를 건네는 사람의 입장에서는 어떻게 들릴까? 상대를 생각해서 그것도 할까 말까 망설이다가 용기를 내어 조심스럽게 호의를 건네 본 것인데, 상대의 첫 반응은 "아뇨"라는 거절이다. 거절을 당하고 유쾌할 사람은 없다. 혹여 괜한 짓을 한 건 아닌지 머쓱해진다. 그런 마음으로 다시 권하려면 처음보다 더 큰 용기가 필요하다. 또 거절을 당할지도 모르기 때문이다. 그러니 거절을 두 번 당해도 정말 괜찮은지 생각하게 된다. 게다가 다시 권하는 것이 상대에게 강권하는 것처럼 비춰질 수도 있으니 조심스러운 마음까지 든다. 너무 복잡하다. 호의를 건네는 것 자체가 쉽지 않다.

결국, 호의를 받는 사람 입장에서는 한 번 정도는 사양해야 한다는 압박을, 호의를 베푸는 사람 입장에서는 거절당할 수도 있다는 압박을 가지게 된다. 그래서 호의를 받는 사람은 다시 권하는 말을 듣지 못하면 왠지 서운해지고, 호의를 베푼 사람은 상대의 거절이 진짜 거절인지를 헤아려야 하는 복잡한 상황에 놓이게 된다. '호의'를 둘러싸고, 주는 사람과 받는 사람이 서로 승자 없는 눈치 게임을 벌이게 되는 셈이다.

말, 듣지 못하면 하지 못하는 것

이처럼 우리의 언어 생활을 보면 따뜻한 말이 오가야 하는 상황에서 그렇지 않고 있음을 알 수 있다. 따뜻한 말 한마디는 누구나 듣고 싶어 하는 말이지만, 누구나 하고 싶어 하는 말은 아닌 듯하다. 듣고 싶어 한다면 누군가는 해 줘야 한다. 그런데 모두 들으려고만 할 뿐, 하려고는 하지 않는다. 왜일까?

이유는 간단하다. 따뜻한 말을 많이 들어 보지 못했기 때문이다. 사람은 어떤 상황에 놓여 말을 할 때, 자신이 익히 듣고 배워 온 말들을 그대로 하는 경향이 있다. 즉, 학습에 의해 언어적 반응이 굳어져서 마치 조건반사처럼 나오는 것이다.

특히 자주 접해서 익숙한 상황일수록 사람들은 그 상황에서 많이 들어 왔던 말을 하게 된다. 심지어 자신이 듣는 입장일 때는 너무 듣기 싫었던 말이라도, 말하는 입장이 되면 저도 모르게 그냥 내뱉게 된다. 마치 부담스러울 때 '부담 갖지 마세요'라는 말이 더 부담스럽게 한다는 것을 뻔히 경험해 알면서도, 상대가 부담스러워하는 반응을 보이면 나도 모르게 '너무 부담 갖지 마세요'를 내뱉게 되듯 말이다.

친척 어른들이 명절마다 불편한 질문을 던졌던 것도 사실은 그들의 친척 어른들로부터 유사한 질문을 듣고 자랐던 탓일 가능성이 크다. 그저 자신들이 듣고 배운 대로 말한 것이다. 밥상 앞에서의 말도, 선물을 주고받으며 하는 말도, 누군가의 호의에 답하는 말도, 모두 그 상황에서 익숙하게 들어 왔던 말들이 학습에 의해 하나의 패턴처럼 굳어진 것이라 할 수 있다.

자신이 듣는 사람일 때는 불편하거나 서운하거나 아쉬운 말이지만, 말하는 사람이 되면 전혀 다른 입장이 된다. 말하는 입장에서는 듣는 입장을 생각하기보다는 그저 익숙한 패턴대로 상투적인 말을 하는 것이다. 가장 쉬운 방법을 선택한 결과다.

결국 말이란 많이 듣지 못하면 하기도 어려운 법이다. 따뜻한 말을 많이 듣지 못한 탓에 따뜻한 말이 그리웠던 것이고, 불행히도 따뜻한 말을 많이 듣지 못한 탓에 그런 말을 하지도 못하게 된 것이다. 이렇게 악순환의 고리가 만들어진 결과, 따뜻한 말 한마디는 누구나 듣고는 싶어 하지만 아무나 할 수는 없는 말이 되고 말았다.

그렇다면 방법이 없을까?

온기 가득한 말의 새길을 내려면

새로운 온도의 말이 오가게 하려면 말의 새로운 길을 내야 한다. 말의 새길을 내는 일은 숲속에 새길을 내는 일과 다르지 않다. 익숙하게 다니던, 발에 익은 길을 버리고 새로운 길을 내려면 불편함을 견뎌야 한다. 불편함을 견디고 계속 그 길로 다녀야 새길이 만들어지듯 말의 새길도 처음의 불편함을 견디고 계속 시도를 해야 한다.

아무리 원하던 말이라도 익숙하게 주고받던 말이 아니기에 처음에는 몹시 불편하다. 그 불편함은 새로운 말을 주고받으며 느끼게 되는 부자연스러움과 쑥스러움에서 온다. 하지만 이 부자연스러움과 쑥스러움을 견디고 계속 시도를 해야만 새로운 말의 길이 만들어진다는 것을 잊지 말아야 한다.

설령 상대가 반응을 보이지 않더라도

익숙하지 않은 말은 하기만 불편한 게 아니다. 듣기도 불편하기는 매일반이다. 안 해 본 사람만이 아니라 안 들어 본 사람도 부자연스러움과 쑥스러움을 느낀다. 기대와 전혀 다른 말이 상대의 입에서 나오면 듣는 사람은 그 말에 어떻게 반응해야 할지 당황하게 된다. 그리고 그 말에서 온기보다는 낯섦을 느껴 듣는 사람으로 하여금 상대의 마음을 이해하기에 앞서 그 맥락을 먼저 따지게 만든다. '어, 왜 저런 말을 하지?' 하는 생각을 먼저 하게 되는 것이다.

설령 말한 사람의 온기가 상대에게 전달되었다 하더라도 그와 같은 온기 어린 반응이 말한 이에게 되돌아오리라는 기대는 하지 않는 편이 낫다. 일반적인 반응은 '뭐야, 갑자기 오글거리게!'일 가능성이 높기 때문이다.

이런 반응은 나름대로 큰 용기를 내어 따뜻한 말을 건넨 사람으로 하여금 괜한 짓을 했다는 후회를 불러일으킨다. 그러니 다시 시도할 용기를 내기가 쉽지 않다. 만약 비아냥이라도 돌아온다면 어렵게 냈던 용기는 자책으로 뒤바뀌기까지 한다.

그러나 여기서 한 가지 꼭 명심해야 하는 것이 있다. 상대가 받아 주지 않거나 비아냥거리는 것은 내 문제가 아니라는 점이다. 그런 반응은 익숙하지 않은 나의 말에 어떻게 대응해야 할지 잘 몰라서 나타나는 것이다. 즉, 기대와는 다른 온도의 말을 듣고 당황스럽고 쑥스러워 내 말을 적절히 받아 주지 못하는 상대의 탓이다.

듣고 싶은 그 말을 나부터 시작할 것

따뜻한 말 한마디를 하기 위해 내가 냈던 용기를 생각한다면 그 말에 반응하는 사람에게도 용기가 필요하다는 것을 우리는 쉽게 헤아릴 수 있다. 용기는 나만 필요한 것이 아니다. 내 말을 받아 주는 사람도 낯섦에서 오는 부자연스러움과 쑥스러움을 이기고 적절히 반응하기 위해서는 용기가 필요하다. 나도 이제 갓 용기를 냈을 뿐이다. 상대도 받아 줄 용기를 내기 위해서는 적응할 시간이 필요하지 않을까?

그러니 나는 나의 용기에 집중하면 된다. 상대의 용기 없음으로 나의 용기가 꺾여서는 안 된다. 내가 할 수 있는 것은 상대가 익숙해질 수 있도록 계속 따뜻한 말 한마디로 말을 시작하는 것뿐이다. 그리고 이를 통해 상대가 적절한 반응을 시도해 볼 수 있도록 기회를 주는 것이다.

어찌 생각하면 답은 간단하다. 미운 말 대신 예쁜 말, 상처를 주는 말 대신 위로를 주는 말이 내 귀에 많이 들리기를 바란다면 나부터 그런 말을 해야 한다. 그리고 누군가가 그런 말을 내게 해 주었을 때 그 상황에서 내가 받기를 원하는 반응을 상대에게 해 주어야 한다. 나의 쑥스러움이 먼저가 되어서는 안 된다. 상대가 낸 용기를 응원하며 나도 용기를 내어야 한다. 이런 용기들이 모여 새로운 말길이 만들어지면 그 길은 어느새 익숙한 길이 되고 더 많은 사람이 그 길에 동참하게 될 것이다.

결국 우리가 따뜻한 말을 하지 못하는 이유는 그런 말을 많이 듣고 자라지 못해서였다. 그런데 듣지 못했다고 하지 않는다면, 다음 세대도 우리처럼 따뜻한 말을 듣지 못하고 자라게 될 것이다. 그 결과 그들도 우리처럼 따뜻한 말을 하지 못하게 될 것이다. 그러니 이제부터라도 우리는 말에 온기를 불어넣어 따뜻한 말의 새길을 내야 한다. 새길을 낸 후에는 그 길이 익숙한 길이 되도록 계속 다녀야 한다. 그래야 그 새길이 우리 다음 세대에게 익숙한 길로 이어질 수 있을 테니 말이다.

명절 잔소리 잠재우는 법

따뜻한 말 대신 온기 하나 없는 차가운 말로 기분이 상하는 대표적인 경우가 바로 명절날이 아닐까 싶다. 서로에게 응원과 감사를 전하는 말의 새길을 내기 위한 첫걸음으로, 명절에 주고받는 말들을 바로잡아 보면 어떨까?

2022년 추석 즈음, 한 방송에서 출연 요청이 왔다. 행복한 명절을 위해 가족들이 모였을 때 듣기 싫어하는 말, 피해야 하는 말이 무엇인지 이야기를 나누어 보자는 제안이었다. 방송을 위해 조사를 해 보니 명절에 사람들이 듣기 싫어하는 말은 한결같이 '잔소리와 참견'으로 요약되는 말들이었다. 조사 결과를 크게 세 가지로 정리해 순위를 매겨 보면 다음과 같다.

1위: 앞으로 계획이 뭐니?
2위: 나 때는 말이야, 요즘 애들은 말이야.
3위: 다 너 잘되라고 하는 말이야.

이 말들은 모두 말하는 사람이 듣는 사람보다 '어른'일 때 나타난다. 듣는 쪽인 '덜 어른'인 사람들은 이런 말에 피곤함을 느낀다. 게다가 이 세 가지 말은 한번에 등장하는 경우가 허다하다. '다 너 잘되라고 하는 말이야'라는 말은 '나 때는 말이야, 요즘 애들은 말이야'를 이끌고 종국에는 '그래서 앞으로 계획이 뭐니?'라는 말로 끝을 맺게 되는 경우가 흔하기 때문이다. 갈수록 듣기 싫은 강도가 세진다.

왜 어른들의 이 말이 '덜 어른'들을 불편하게 하는 것일까? 이 말을 듣는 '덜 어른'들은 명절에나 겨우 한 번씩 만나는, 더욱이 나에 대해 제대로 알지도 못하는 친척 어른이 구하지도 않은 조언을 하려고 드니 이를 어떻게 받아들여야 하는지 당황스럽고 어리둥절하다. 조언을 해 줄 수 있을 만큼 자신의 삶을 잘 살아온 것 같아 보이지도 않는 분들이 장황하게 늘어놓는 조언 아닌 조언을 들으려니 더더욱 마음은 복잡해진다.

그래도 그냥 듣고 있는 게 낫다. 만약 도중에 말을 보태면 이야기만 더 길어질 뿐이다. 물론, 최선은 애초에 이런 상황에 놓이지 않도록 대화할 기회를 만들지 않는 것이다. 하지만 어쩔 수 없이 말을 나누게 된다면 빨리 끝나도록 묵묵히 들을 수밖에 없다.

그런데 좀 이상하지 않은가? 명절에 만나서 서로를 기분 나쁘게 할 의도를 가진 사람은 없을 텐데 왜 우리는 이런 말을 주고받는 걸까?

이 말들이 품은 어른들의 속내를 들여다보면 이유를 알 수 있다.

'오랜만에 만났으니 말을 걸어야겠지? 아는 체를 해 주고 먼저 말을 걸어 주는 것이 어른의 도리니까. 그런데 무슨 말을 해야 할지 잘 모르겠네! 가만있자, 결혼할 나이가 된 것 같은데 아직 결혼을 안 했지? 그럼 결혼에 대해 먼저 얘기를 해야겠다. 결혼은 꼭 해야 하는 거라고. 내가 얼마나 관심이 있는지도 보여 주고 내가 도움이 되는 어른이라는 인상도 심어 줄 겸 인생의 지혜를 들려 줘야지. 그래야 좋은 어른이지!'

말은 걸고 싶은데 대화의 소재를 찾지 못한 상황에서 어른 노릇을 해야 한다는 부담감이 더해진 결과일 뿐, 특별히 어떤 것에 대해 조언을 해 줘야겠다고 생각해서 시작한 말이 아니었던 것이다. 그냥 생애 주기에 따라 상대가 관심을 가질 것 같은 문제에 어른으로서 지혜를 나누는 것이 도리라고 생각해서 건넨 말이었을 뿐이다. 물론 그 말들의 레퍼토리는 자신이 '덜 어른'이었을 때 더 어른들로부터 듣고 배운 대로다.

그렇다면 이제 명절에도 새로운 말의 길을 만들려는 노력을 해 보면 어떨까? 서로에게 고마움을 나누는 온기 어린 말부터 길을 내면 좋겠다. 이왕이면 모두 모여 돌아가신 집안 어른들에 대한 추억의 일화를 나누는 것이 괜찮을 것 같다. 또한 여러 세대가 모인 만큼, 서로의 세대를 이해할 수 있는 기회를 만든다면 더할 나위가 없을 것이다.

그 모습이 바로 가족 간에 대화가 꽃피는 명절, 누구나 꿈꾸는 명절의 풍경일 것이다. 이를 위해 가장 필요한 것은 평등한 가족 문화다. 진정한 대화는 평등한 관계에서 가능한 법이기 때문이다.

*4장

타인을 부를 때
생각해야 하는 것들

부르는 사람만 괜찮고
듣는 사람은 불편한 호칭들

2021년 4월, 눈에 확 띄는 포스터 한 장이 강원도 원주시청 청사 곳곳에 붙었다. 전국공무원노동조합 강원지역본부 원주시지부가 '공무원 호칭 알림 캠페인'을 위해 만든 포스터였다. '존중은 일방통행이 아닙니다'라는 문구가 하단에 선명한 노란색 글씨로 적혀 있었고, 중앙에는 '아가씨, 언니야, 이봐요, 저기요'가 아니라 'ㅇㅇㅇ 주무관(님)'으로 불러 달라는 호소의 말이 담겨 있었다. 또 포스터의 바탕에는 등을 맞대고 웅크리고 앉은 두 사람과 그들이 들었을 법한 폭언이 한가득 새겨져 있었다.

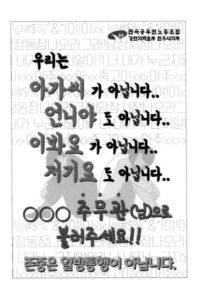

2021년 4월 전국공무원노동조합 원주시지부가 만든
'공무원 호칭 알림 캠페인' 포스터

이 포스터가 붙은 배경에는 시청에서 민원 응대 업무를 맡고 있는 한 공무원의 호소문이 있다. 노조의 온라인 커뮤니티 게시판에 올라온 '젊은 여자 직원한테 아가씨라고 부르는 거'라는 제목의 글에는 '연세가 있으신' 분들로부터 '아가씨'라고 불리는 것에 대한 젊은 여성 공무원의 심정이 고스란히 담겨 있다. 이 글은 많은 동료 공무원들로부터 큰 공감을 얻었고, 유사한 내용의 호소문이 게시판에 줄지어 올라왔다. 게시판의 이런 반응을 보고 노조가 호칭 캠페인을 벌이게 된 것이다.

낮춰 부를 의도가 없더라도

실제로 주민센터에 가서 잠시만 살펴봐도 민원 담당 공무원들이 민원인들에게 어떤 호칭어로 불리는지 쉽게 확인할 수 있다. 내가 얼마 전 서류를 떼기 위해 들른 주민센터에서도 '언니야'라는 말이 귀에 꽂히는 데는 그리 긴 시간이 걸리지 않았다. 60대 중반 정도의 한 여성 민원인이 자신을 응대한 젊은 여성 공무원에게 "언니야, 정말 친절하다"라고 했다. 다행히 담당 공무원은 불쾌한 표정을 짓지 않았지만 옆에서 듣고 있던 나는 살짝 신경이 쓰였다.

사실 '언니야'라고 했던 그 60대 여성을 포함해 민원인 대부분은 담당 공무원을 기분 나쁘게 할 목적으로 '언니야' 혹은 '아가씨'라는 호칭을 사용하지는 않았을 것이다. 내가 목격한 그 여성 민원인의 경우를 생각해 보라. 그렇게 칭찬의 말을 건네는 상황에서 상대를 기분 나쁘게 할 의도가 있었다고 생각하기는 어렵다. 그 민원인은 단지 젊은 여성 공무원을 어떻게 불러야 할지 몰라서 자신에게 익숙한, 성별과 연령에 기반한 호칭어 중 하나를 골라 쓴 것뿐이다. 선택할 수 있는 호칭어는 '아가씨'와 '언니야'였을 텐데 둘 중 '언니야'를 택한 이유는 상대와의 거리감을 좁히고 친밀감을 부각시키기 위해서였을 것이다. 즉, 호칭어로 '언니야'를 선택한 데에는 전혀 악의가 없다.

민원인들이 젊은 여성 공무원을 '아가씨'라고 부르는 것 또한 특별히 상대를 낮추려는 의도가 숨어 있는 것은 아니다. '아가씨'라는 호칭어를 선택한 이유는 그냥 그 공무원이 결혼하지 않은 젊은 여성임에 주목했을 뿐이다. 하지만 공무원의 입장에서는 바로 그 지점이 불편했던 것이다. 민원인이 공무를 수행 중인 자신을 '공무원'으로 인정하지 않고 '결혼하지 않은 젊은 여성'으로 인식하고 있음이 호칭을 통해 드러났기 때문이다.

이러한 이유로 부르는 사람 입장에서는 낮출 의도가 없는 호칭어가, 듣는 사람 입장에서는 낮추어 부르는 호칭어로 들릴 수밖에 없다.

불쾌한 건 민원인도 매한가지?

사실 호칭 때문에 불쾌감을 느끼는 것은 공무원들만이 아니다. 민원인들도 공무원들의 부적절한 호칭어 사용 때문에 불쾌감을 느끼기는 마찬가지다. 민원인들은 꽤 오랫동안 공무원들의 호칭어 사용에 개선을 요구하는 목소리를 쌓아 왔다.

2003년 12월 1일 서울시의회 서승제 의원은 시정질문에서 민원인에 대한 호칭어 문제를 제기했다. 그는 구청을 방문한 500명을 대상으로 구청이나 동주민센터 직원들이 민원인을 부르는 호칭어를 조사했다. 그리고 그 결과를 바탕으로 공무원들의 호칭어 사용의 부적절성을 지적했다. 시민들이 공무원들의 호칭어 사용에 대체로 부정적인 반응을 보인 만큼, 더 정중하고 일반적인 호칭어를 정해서 부르는 것이 바람직하다는 취지의 발언이었다.[9]

20년 전의 조사이기는 하지만 이를 보면 공무원들이 민원인들의 성별에 따라서 매우 다른 호칭어를 사용하고 있음이 확인된다. 남성 민원인들은 이름에 '씨'나 '님'을 붙여 부르거나 '선생님'이라는 호칭어로 주로 부르는 반면에, 여성 민원인들에게는 호칭어를 사용하지 않는 경우가 가장 많았고 이어서 이름에 '씨'를 붙여 부르거나 '아주머니, 아주머님, 아줌마'와 같은 '아주머니류'로 부르는 것으로 조사되었다.

민원인의 성별에 따라 가장 큰 차이를 보인 것은 호칭어 자체를 사용하지 않는 비율이었다. 여성이 남성보다 두 배 이상 그 비율이 높았다(여자 27.0%, 남자 12.5%). 이어서 두 번째로 차이를 보인 것은 성별에 기반한 호칭어의 사용 비율이었다. 여성이 남성보다 두 배 가까이 높았고(여자 28.9%, 남자 15.2%) 호칭어의 종류도 더 많았다(여자 3종(아주머니류, 아가씨, 할머니), 남자 2종(아저씨, 할아버지)). 남성 민원인에게는 13.5%나 사용된 '선생님'이라는 호칭어가 여성 민원인에게는 사용되지 않는다는 점도 주목을 끈다.

민원인을 부르는 호칭어가 공무원마다 제각각이고 이것이
민원인들을 불쾌하게 만든다는 문제의식이 2004년 행정안전부
(당시 행정자치부)의 민원인 호칭 개선안을 마련하게 했다. 행정
안전부의 개선안은 민원인을 '고객님'으로 부르는 것이었다. 실
제로 이 안에 따라 몇몇 지방자치단체들은 민원인에게 '고객님'
이라는 호칭어를 사용하기도 했음을 기사를 통해 확인할 수
있다.

하지만 이 안은 그리 환영받지 못했다. 민원인을 '고객님'이라
고 부르는 게 적절한가에 대한 논란 때문이었다. '고객님'이라
는 호칭어의 가장 큰 문제는 민주 정신에 위배된다는 점이다.
주권자인 시민을 '고객님'이라고 부르며 손님 취급을 하는 것이
과연 민주주의 정신에 합당할까? 주권자를 고객님으로 대상화
하는 것은 민주주의의 기본 정신에 어울리지 않을뿐더러, '고
객님'은 구매자를 부르는 말이므로 어울리지 않는다. 이러한 이
유로 행정안전부가 제안한 민원인에 대한 호칭어 '고객님'은 잠
깐 쓰이다가 사라졌다.

적절한 호칭어를 찾지 못한 탓에 호칭에 대한 민원은 쌓여
갔고, 민원인을 어떻게 불러야 하는지에 대한 고민은 깊어졌
다. 민원인에 대한 호칭은 여전히 제각각이다. 이러한 상황은
2017년 한 지역 신문의 기사를 통해서도 확인할 수 있다. 이 기
사에는 읍사무소에 갔다가 호칭어 때문에 기분이 상한 두 민

원인이 등장한다.

한 명은 결혼하지 않은 30대 여성이었다. 그는 공무원이 자신을 보고 당연히 결혼해서 애가 있을 것으로 단정하고 '어머님'이라는 호칭어를 써서 몹시 기분이 상했다고 했다. 그런데 더 기분을 상하게 한 것은 옆자리에 있던 남성 민원인과의 차별대우였다. 그 남성에게 공무원은 깍듯이 '선생님'이라는 호칭어를 썼다고 한다. 해당 여성은 성차별을 당해서 불쾌감을 느꼈다고 했다.

또 다른 사람은 민원 업무를 보러 가면 흔히 '어머님', '아버님'이라는 호칭어를 사용하는 것에 대해 문제를 제기했다. 해당 호칭어가 외모를 보고 연령대를 대충 가늠해서 부르는 것인 만큼 적절하지 않다고 지적했다. 그는 호칭어 때문에 기분이 상하는 민원인은 없었으면 한다고 말하면서 민원인들을 부르는 호칭어를 개선하고 통일할 필요가 있다고 했다.

그러나 공무원에 대한 호칭 개선이 여전히 지지부진한 것처럼, 민원인을 부르는 호칭어도 실생활에서는 통일되지 못하고 있는 것이 현실이다. 성별이나 연령에 관계없이 공무를 주고받는 입장에 초점을 두고 서로를 존중하며 호칭할 수 있는 방법은 없을까? 이에 대해서는 뒤에서 자세히 살펴보기로 하자.

'아줌마'라는 호칭이
멸칭으로 사용되는 이유

때로 호칭어는 불쾌감이라는 감정적 반응을 넘어 심각한 폭력 사건의 발단이 되기도 한다.

2023년 3월과 4월에는 '아줌마'라는 호칭어와 관련한 사건이 신문의 사회면을 장식했다. 이 호칭어 때문에 3월에는 칼부림 상해 사건이, 4월에는 야구방망이 위협 사건이 있었다.

상해 사건이 일어난 것은 3월 초 퇴근 시간 지하철 안으로, 30대 중반의 여성이 가방에서 칼을 꺼내 60대 여성을 비롯한 총 3명에게 상해를 입혔다.

상해 사건의 가해자는 경찰 조사에서 칼을 휘두른 이유를 다음과 같이 진술했다고 한다. 지하철 안에서 유튜브를 보고 있는데, 한 승객이 자신에게 "아줌마, 휴대전화 소리 좀 줄여 주세요"라고 말했다. 자신은 아줌마가 아닌데 그 승객이 자신을 아줌마라고 부른 것에 격분한 나머지 범행을 저지르게 되었다. 가해자는 같은 해 9월에 열린 재판에서 징역 8년을 선고받았다.[10]

한편 4월 말에 있었던 야구방망이 위협 사건은 20대 초반과 20대 후반의 두 여성 사이에 일어난 사건이었다. 두 여성은 한때 같은 회사에 다녔던 직장 동료였다. 사건이 일어나기 약 7개월 전, 업무 문제로 다툰 뒤 가해자인 20대 후반의 여성은 퇴사했고, 피해자인 20대 초반의 여성은 그 직장을 계속 다니고 있었다. 사건 당일 피해자는, 퇴사 후 연락을 끊고 지내던 가해자로부터 느닷없이 조언조의 문자를 받았다. 이에 불쾌감을 느낀 피해자는 '네, 아줌마'라고 답문을 보냈고, 이 문자에 분노한 가해자는 욕설을 퍼부으며 생명을 위협하는 문자를 보냈다. 그리고 오늘 당장 만나자고 엄포를 놓았다. 이후 피해자의 집 앞에서 기다리던 가해자는 퇴근하고 집으로 들어가려던 피해자에게 야구방망이를 휘두르며 생명을 위협했다.[11]

도대체 왜 '아줌마'라는 호칭에 두 여성은 격분했을까?

'아줌마'라는 호칭에 대한 우리의 정서

조선일보가 온라인 서베이 플랫폼 '틸리언 프로'에 의뢰해 30~60대 여성 2,008명을 대상으로 한 설문 조사 결과는 '아줌마'라는 호칭어에 대한 우리의 정서를 잘 알려 준다.[12] 우선 '아줌마'라는 말을 들으면 기분이 나쁜지를 묻는 설문에 대해 30대와 40대는 각각 64%와 60.2%가, 50대와 60대는 각각 44.6%와 32.2%가 '예'라고 답했다. 연령이 낮을수록 '아줌마' 소리를 듣기 싫어한다는 것을 확인할 수 있다. 특히 40대 이하는 60% 이상이 기분이 나쁘다는 반응을 보였다. 한편 연령이 높아지면 '아줌마' 소리에 조금은 관대해진다. 하지만 여전히 60대 여성들도 3명 중 1명은 '아줌마' 소리가 기분 나쁜 것으로 나타났다.

그렇다면 '아줌마' 여부를 결정하는 가장 중요한 요소는 무엇일까? 설문 조사는 응답자들에게 그 요소가 무엇인지도 물었다. 가장 높은 비율을 보인 것은 외모였다. 35.4%로 3명 중 1명이상이 외모가 아줌마인지 아닌지를 결정한다고 했다. 다음은 결혼(26.6%)과 나이(25.1%)였는데 이들의 차이는 매우 근소했다. 직업(6.6%)과 재산(4.8%), 기타(1.5%) 응답도 일부 있었지만 이들의 총합은 10%를 조금 웃도는 정도였다.

외모 다음으로 나이가 아줌마 판단에 중요한 기준이라면 몇 살부터 아줌마라고 불러도 된다고 생각할까? 같은 설문에서 이에 대해 물었다. 조사 결과, 가장 높은 비율을 보인 연령은 40세 이상(29.7%)이었다. 다음으로 높은 비율을 보인 연령은 50세 이상(23%), 그다음은 45세 이상(14.3%)이었다. 하지만 60세 이상이라는 답변도 11.2%를 보이고 있어 60대 이상은 되어야 아줌마라고 부를 수 있다고 생각하는 사람이 10명 중 1명 이상이라는 것을 알 수 있다.

'아줌마' 소리 들으면 기분 나쁜가?

	예	아니오
30대	64%	36%
40대	60.2	39.8
50대	44.6	55.4
60대	32.2	67.8

몇 살부터 '아줌마'인가?

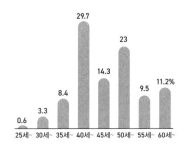

25세~	30세~	35세~	40세~	45세~	50세~	55세~	60세~
0.6	3.3	8.4	29.7	14.3	23	9.5	11.2%

'아줌마' 여부를 결정하는 요소는?

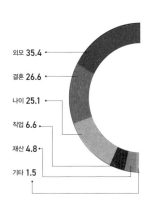

외모 35.4
결혼 26.6
나이 25.1
직업 6.6
재산 4.8
기타 1.5

온라인 서베이 플랫폼 '틸리언 프로'가 여성 2,008명을 대상으로 실시한 '아줌마' 관련 설문 조사 결과(출처: 조선일보 2023년 4월 29일)

호칭어 하나에 드러나는 차별의식

그렇다면 과연 '아줌마'라는 호칭어는 외모와 나이에 의해서만 선택되고 있을까? 이와 관련해 또 다른 조사 결과를 살펴볼 필요가 있다. 2023년 9월 10일, 시민단체인 직장갑질119가 직장인 1,000명을 대상으로 실시한 설문 조사다. 조사의 목적은 일터에서의 성차별 경험 등에 대해 살펴보는 것인데, 그 결과 중에 호칭어와 관련된 항목이 포함되어 있다. 직장 생활을 하면서 특정 성별을 지칭하는 부적절한 호칭을 들어 본 적이 있는지를 물었다.

흥미로운 점은 이 문항에 대해 '그렇다'고 답한 비율이 응답자의 성별에 따라 매우 달랐다는 점이다. 이 문항에 대해 여성 직장인들은 절반이 넘는 55.9%가 '그렇다'고 답한 반면에, 남성 직장인들은 12.4%만이 '그렇다'고 답했다. 여성 직장인들이 남성 직장인들보다 무려 4.5배 정도 특정 성별을 지칭하는 부적절한 호칭어를 직장 생활을 하면서 들어 본 적이 있다고 응답한 것이다.

그런데 이러한 경험은 성별에 따라서만 차이를 보인 것이 아니었다. 정규직 여부는 물론, 임금 수준에 따라서도 차이가 큰 것으로 나타났다. 같은 여성이라도 비정규직이 정규직에 비해 '그렇다'고 응답한 비율이 높았다(비정규직 60.3%, 정규직 50.7%).

또한 임금 수준에 따라서도 '그렇다'고 답한 비율의 차이가 컸다. 임금 수준이 낮을수록 '그렇다'는 비율이 높게 나타난 반면에, 임금 수준이 높을수록 '그렇다'는 비율이 낮게 나타났다. 구체적으로 살펴보면, 임금이 월 500만 원 이상인 사람들은 16.4%만 그렇다고 답한 데 비해, 월 300~500만 원인 사람들은 22.6%, 월 150~300만 원인 사람들은 38.4%가 그렇다고 답했다. 한편 임금 수준이 가장 낮은 월 150만 원인 사람들의 경우 무려 46.2%가 그렇다고 답했다.

이처럼 직장 생활을 하면서 '아줌마', '아가씨', '아저씨' 등과 같이 성별을 특정하는 부적절한 호칭어를 들은 경험은 남성보다는 여성, 정규직보다는 비정규직, 임금이 높은 사람보다는 낮은 사람들이 많음을 이 조사 결과는 말해주고 있다.

이러한 결과는 우리가 앞서 살펴보았던 호칭과 관련한 여러 사건들을 다시 해석할 수 있게 만든다. 왜 온라인 커뮤니티에 호소문을 게시한 사람이 남성 공무원이 아니라 여성 공무원이었는지. 왜 사무관(5급)이나 서기관(4급)이 아니라 6급 이하의 주무관들이었는지. 또, 왜 여성 민원인들이 남성 민원인들보다 성별을 특정한 호칭인 아줌마, 아가씨, 어머님 등으로 더 자주 불리는지. 왜 아줌마가 아저씨보다 더 멸칭의 의미를 담아 사용되고 있는지. 호칭어 하나에 우리 사회의 많은 문제가 그대로 담겨 있음이 확인된다. 정말 언어는 '인간의 모든 것에 대한 모든 것'임을 다시 한번 확인하게 된다.

그런데 도대체 호칭어가 뭐기에 우리 사회의 차별과 불평등의 문제들을 그대로 비추고 있는 것일까?

누군가가 나를 '아줌마'라고 불렀다면

'아줌마'를 사전에서 찾아보면 '1. '아주머니'를 낮추어 이르는 말. 2. 어린아이의 말로 '아주머니'를 이르는 말'이라고 풀이되어 있다. 즉, 부르는 사람이 어린아이가 아니라면 '아줌마'는 기본적으로 낮춤말이라는 뜻이다. 누군가가 다른 누군가를 '아줌마'라고 부른다는 것은 부르는 상대가 불리는 대상을 기본적으로 낮춘다는 사실이 전제되어 있으니 '아줌마'라고 불리는 것이 유쾌할 리 없다.

따라서 아줌마라고 불린 사람이 그렇게 부른 사람에게 불쾌감을 드러내는 데 대해 "아줌마를 아줌마라고 부르는데 뭐가 문제야?"라고 말하는 것은 부적절하다. 그렇게 말하는 사람은 상대를 비하의 대상으로 바라보는 자신의 태도에 무슨 문제가 있냐고 되묻고 있는 꼴이 되기 때문이다. 아줌마라는 단어가 비하의 뜻이 있는 줄 모르고 썼다면 비하의 뜻이 있음을 안 순간 '아줌마'의 부적절성을 인정하고 아줌마 대신 상대를 부를 더 적절한 단어를 찾아야 옳다.

결국, 상대가 나를 '아줌마'라고 부르는 말에 불쾌했던 이유는 상대가 내 결혼 여부나 나이를 마음대로 판단해서가 아니다. 이 호칭 자체에 상대가 나를 낮추어 보는 태도가 담겨 있기 때문이다.

이러한 점들을 고려할 때 누군가가 나를 '아줌마'라고 불렀다면 그건 내 문제가 아니다. 그렇게 부른 사람의 문제다. 그러니 그 호칭어를 듣고 '혹시 내가 아줌마로 보이나?'를 고민해서는 안 된다. 그 대신 그렇게 부르는 상대를 '인간 존중의 태도를 갖추지 못한 사람이구나'라고 평가해야 한다.

모든 사람은 존중받아야 하며 세상에는 무시받아 마땅한 사람이 없다고 생각한다면 누군가를 '아줌마'라고 부르는 것은 부적절하다. '아줌마'라는 호칭어가 사라지기를 바라는 이유다.

우리가 호칭에 민감한 진짜 이유

호칭어로 빈정이 상하거나 상처를 받은 경험은 거의 모든 사람이 한 번은 있을 것이다. 그리고 앞서 살펴본 것처럼 사회 곳곳에서 호칭어와 관련된 다양한 목소리가 지속적으로 있었다. 이처럼 개인적으로도 사회적으로도 호칭어와 관련한 다양한 경험이 우리 사회에는 존재하고 있다.

그럼에도 불구하고 흥미로운 것은 호칭어와 관련된 논란에 국민의 대다수가 '호칭이 뭐라고 그렇게 난리야!'라는 반응을 보인다는 점이다. 호칭어 논란과 관련한 기사에 달린 댓글만 봐도 이를 확인할 수 있다. 물론 댓글이 사람들의 일반적인 반응을 대변한다고 볼 수는 없다. 하지만 사람들이 해당 기사에 대해 어떻게 생각하는지 그 일부는 확실히 반영한다고 할 수 있다. 그러니 우리는 댓글을 통해 그 정서를 확인하고, 왜 그런 정서가 나타나는지에 대해 생각해 볼 필요가 있다.

특히 앞서 언급했던 원주 시청 공무원의 호소문 사건은 여러 매체가 관련 기사를 냈고, 그 기사들은 여러 온라인 커뮤니티로 전파되었다. 덕분에 관련 기사를 본 사람들의 반응은 물론, 커뮤니티를 통해 기사를 접한 사람들의 반응도 확인할 수 있다. 출처와 무관하게 댓글의 기본적인 정서는 '호칭이 뭐라고 그렇게 난리냐!', '주무관님 소리를 그렇게 듣고 싶었냐?'라는 부정적인 정서였다.

그렇다면 이제 우리는 왜 호칭어가 이렇게 논란의 중심이 되고 있는지와 함께, 왜 호칭어에 대해 한편으로는 민감하면서 또 한편으로는 둔감한지, 또 왜 대한민국에서 유독 호칭어가 사회적 문제가 되고 있는지에 대해 알아볼 필요가 있다.

호칭어를 통해 드러나는 관계 설정

이를 위해 먼저 호칭어가 무엇인지부터 이해해야 한다. 호칭어는 표준국어대사전에 '사람이나 사물을 부르는 말'이라고 풀이되어 있다. 하지만 실생활에서는 '상대와 나와의 관계를 나의 입으로 고백하는 말'이라고 정의하는 편이 호칭어를 둘러싼 문제를 이해하는 데 도움이 된다. 즉, 호칭어란 부르는 사람(말하는 사람)이 불리는 사람(듣는 사람, 즉 대화 상대)과의 관계를 어떻게 설정하고 있는지를, 부르는 사람의 입을 통해 직접 드러내는 말이다.

따라서 우리는 호칭어를 통해 상대가 나를 어떻게 생각하는지 선명하게 확인할 수 있다. 그러니 어떻게 우리가 상대가 나를 부르는 호칭어에 민감하지 않을 수 있겠는가. 만약 호칭어를 통해 대화 상대가 나의 기대와는 매우 다르게 나를 대한다는 것을 알게 된다면, 특히 상대가 나를 터무니없이 부적절하게 대우하고 있음이 확인된다면, 우리는 그 호칭어에 불편감이나 불쾌감을 느낄 수밖에 없다. 호칭어를 통해 상대에게 존중받지 못하고 있다고 판단되는 순간, 모멸감이 생기고 이 모멸감은 갈등의 씨앗이 된다.

호칭어의 속성을 이해하고 나니 더 큰 질문이 생긴다. 문제가 이토록 선명한데 왜 우리는 호칭어에 대해 민감하면서 동시에 둔감한 것일까? 그 이유는 호칭어가 말하는 사람일 때와 듣는 사람일 때 확연한 온도 차를 갖는다는 데 있다. 호칭어 문제를 들여다보면 말하는 사람과 듣는 사람 사이의 먼 거리를 그야말로 '확' 느낄 수 있다. 내가 호칭어를 사용하는 입장일 때와 내가 호칭어를 듣게 되는 입장일 때 그 민감도는 엄청난 차이를 갖게 된다.

호칭어와 관련된 문제에 대해 '호칭이 뭐라고 난리야!'라고 말하는 사람은 대체로 문제가 되는 호칭어를 사용하는 쪽, 즉 그 호칭어를 통해 상대를 부르는 쪽이거나 해당 호칭어가 자신과 관련이 별로 없는 사람이다. 결과적으로 그 호칭어로 불린 경험이 아예 없거나 혹은 과거에는 있었을지 모르지만 현재는 그렇지 않은 경우에 해당한다.

'아가씨'라는 호칭어를 예로 들어 살펴보자. 이 호칭어의 사용자는 대체로 아가씨라고 불리지 않는 사람들이다. 달리 말해서 '아가씨'의 범주에 들지 않는 사람들이라는 뜻이다. 중년 이상의 사람이어야만 젊은 여성을 '아가씨'라고 부른다. 그러니 이 호칭어를 사용하는 사람들은 '아가씨'라는 호칭어로 불리는 사람이 무엇을 왜 불편해하는지 현재 시점에서 공감하기 어렵다. 만일 과거에 이러한 호칭어로 불렸던 경험을 가진 사람이라면 과거의 시점에 묶여 '요즘 애들'을 운운하며 호칭어를 둘러싼 이러한 논란에 더더욱 공감하지 못할 수도 있다.

호칭어가 갖는 이런 본질적 의미를 이해한다면 '호칭, 그게 뭐라고!'가 아니라 '호칭어의 문제를 어떻게 풀어 가야 할까'라는 새로운 질문이 생길 것이다. 그리고 이 질문에 대한 답을 찾아 가는 과정에서 우리는 언어감수성을 높일 수 있을 것이다.

호칭어의 문제는 불리는 사람의 입장을 생각하지 않으면 해결되기 어렵기 때문에 반드시 듣는 사람의 감수성을 헤아려야만 한다.

언어감수성을 가지고 언어의 문제에 민감함을 발휘하지 않는다면, 부르는 사람의 입장이 되었을 때 자신에게 익숙하고 편한 호칭어를 그냥 아무 생각 없이 보고 배운 대로 툭 '내뱉게' 된다. 특히, 부르는 사람이 불리는 사람보다 우월적 지위를 갖는 경우라면 더더욱 긴장감 없이 행동하게 된다. 그 우월적 지위가 연령 권력에서 오는 것이든, 성별 권력에서 오는 것이든, 지식 권력에서 오는 것이든, 직위 권력에서 오는 것이든 말이다. 그렇기에 이런 사람들에게 호칭어의 문제를 제기하면 '그게 뭐라고!', '별것도 아닌 걸 가지고 예민하게 군다'는 반응을 보인다. 바로 이러한 태도가 듣는 사람 입장에서는 더더욱 불쾌감을 느끼게 한다. 내가 상대에게 그냥 자기 생각대로 아무 말을 아무렇게나 '내뱉어도' 되는 사람으로 인식되고 있다는 모멸감을 느끼기 때문이다.

부르는 사람과 불리는 사람의 입장 차이

부르는 사람 입장에서 가장 편한 호칭어는 상대의 성별과 연령에 기반한 호칭어일 것이다. 이 호칭어를 사용하는 사람은 두 가지 생각에 기반하여 그렇게 부른다. 첫째는 상대의 성별이나 연령을 외모를 통해 알 수 있다는 생각이다. 둘째는 만약 그러한 판단이 맞지 않다면 그것은 나의 문제가 아니라 그렇게 보인 상대의 문제라는 생각이다.

한편 불리는 사람은 바로 이러한 생각 때문에 그 호칭어가 그리 유쾌하게 들리지 않는다. 내가 상대의 판단에 기초한 성별과 연령의 특징으로 인식되고 있음이 아무런 여과 장치 없이 호칭어를 통해 그대로 드러나기 때문이다. '아줌마', '아저씨', '할머니', '할아버지' 등의 호칭어로 불리는 것이 누구에게나 그리 유쾌하기 어려운 이유다.

또한 우리가 얼마나 상황에 민감하게 호칭어를 선택하는지에 대해 생각해 보면 호칭어의 문제를 전혀 다른 관점에서 파악할 수 있다. 같은 중년의 판매원이라도 각각 전통시장과 백화점에서 이들이 불리는 호칭어는 동일하지 않은 것이 사실이다. 전통시장의 판매원에게는 '아줌마'나 '아저씨'라는 성별과 연령에 기반한 호칭어를 사용하는 데 별반 거리낌이 없다. 하지만 백화점의 중년 판매원에게 '아줌마'나 '아저씨'라는 호칭어를 사용하는 경우는 드물다.

이처럼 호칭어는 부르는 사람과 불리는 사람 사이에 갈등의 씨앗이 될 수 있는 요소라고 할 수 있다. 부르는 사람의 관계 설정이 듣는 사람의 기대와 늘 일치할 수는 없으며, 이것이 일치하지 않을 때 불편함과 불쾌함이 유발되고, 갈등으로 이어질 수 있기 때문이다. 이러한 이해에서 출발해야 우리 사회에 존재하는 호칭어의 다층적 갈등을 해소할 수 있다.

호칭 갈등 톺아보기

이런 관점에서 앞서 살펴본 공무원과 민원인의 호칭어 갈등도 더 깊이 분석해 볼 필요가 있다. 이를 톺아보는 일은 호칭어 갈등의 다층적 이해는 물론 그 해법도 생각해 볼 수 있게 할 것이다.

민원인이 공무원을 '언니야' 혹은 '아가씨'라고 부른 것부터 꼼꼼히 살펴보자. 민원인과 공무원은 공적인 관계다. 그런데 민원인이 사용한 호칭어인 '언니야'나 '아가씨'는 공적인 관계에서 사용하는 호칭어가 아니다. 즉, 해당 호칭어를 통해 민원인이 공무원과 자신의 관계를 공적인 관계가 아니라 사적인 관계로 설정하고 있음이 드러난다. 다시 말해 '언니야' 혹은 '아가씨'라는 호칭어로 공무원을 부르는 민원인은 자신과 상대 공무원의 관계를 나이 많은 사람과 나이 어린 여성의 관계로 인식하고 있는 것이다.

이러한 잘못된 관계 인식이 공무원의 입장에서 유쾌할 리가 없다. 공적 업무를 수행하는 공무원으로 인식되어야 하는 상황에서, 젊은 여성 혹은 어린 여성으로 인식되고 있음이 '언니야' 혹은 '아가씨'라는 호칭어를 통해 확인되는데 어떻게 유쾌할 수 있겠는가. 공무원이라는 직업적 정체성을, 다른 곳도 아닌 바로 자신의 일터에서 인정받지 못하고 있다는 모멸감으로 불쾌해지는 것은 당연하다.

생각해 볼 문제는 더 있다. 만약 그 공무원이 젊은 남성 혹은 나이가 많은 사람이었다면 어땠을까? 대민 창구에 앉아 있는 공무원이 젊은 남성이었다면 민원인이 그에게 '오빠야'나 '총각' 등의 호칭어를 '언니야'나 '아가씨'만큼 쉽게 사용했을까? 그 공무원이 중년 이상의 여성이나 남성이었다면 성별을 특정하는 해당 연령대의 호칭어, 즉 '아줌마'나 '아저씨'라는 호칭을 사용했을까? 그 가능성은 중년 이상의 남성, 중년 이상의 여성, 젊은 남성의 순으로 희박할 것이다.

이는 민원인이 공무원을 인식하는 양태가 상대의 연령과 성별에 따라 매우 다르다는 것을 뜻한다. 즉, 민원인은 아무 생각 없이 호칭어를 선택하는 것이 아니다. 오히려 민원인은 상대에 따른 나름의 기준과 그에 의한 선택 기제를 가지고 있다는 것을 알 수 있다. 그 기준의 일부가 드러난 것이 바로 앞서 언급했던 직장갑질119의 호칭어 관련 설문 조사 결과라고 할 수 있다.

결국, '그렇게 부른다고 그런 게 아닌데 뭐 그리 민감하냐'는 말은, 말도 안 되는 변명이라는 것이 확인된다. 민원인이 상대를 공무원으로 인식하며 그의 권위를 인정한다면 결코 '언니야', '아가씨' 같은 호칭어를 사용하지 않을 것이다. 그것을 알기에 젊은 여성 공무원이 민원인으로부터 듣는 '언니야', '아가씨'가 불편하고 불쾌했던 것이다. 이런 호칭으로 공무원을 부르는 것은 민원인이 공무원을 연령 권력에 기반해 자신보다 아래쪽에 두고 대접하겠다는 선포와 같다. 그러니까 이 호칭어를 통해 '나는 너보다 위야!'라고 말하고 있었던 것이다. 호칭어로 설정된 상하 관계는 민원인으로 하여금 자연스럽게 공무원을 하대하는 태도를 갖게 한다. 그 태도는 상호작용을 통해 다층적으로 드러난다. 그러니 이런 호칭을 사용하는 민원인으로부터 존중의 태도를 기대한다는 것은 불가능에 가깝다.

호칭어는 서로가 서로를 존중하는 표현으로

그렇다고 공무원이 민원인보다 높은 위치에 있어야 한다는 뜻은 아니다. 공적인 공간에서 공적 업무를 수행하고 있는 공무원을 찾아온 민원인은 그와 공적인 관계를 맺어야 하고 그에 맞는 언행을 보여야 한다. 공무원과의 관계를 사적인 관계로,

그것도 자신보다 아랫사람으로 설정하고 대해서는 안 된다는 뜻이다.

민원인과 공무원은 공적이고 수평적인 관계, 상호 존중의 자세가 서로에게 요구되는 관계다. 위아래가 설정된 관계가 아니다. 따라서 '공복(公僕)'이라는 낡은 신분제 사회의 비유로 공무원을 일컫는 것도 옳지 않다. 대한민국은 신분제 사회도 아니고 더더욱 우리의 세금을 노예제 유지에 쓰고 싶지도 않다. 우리는 우리를 대신해 대한민국의 구석구석을 잘 운영해 줄 행정 전문가에게 소중한 세금을 쓰고 싶다.

따라서 민원인과 공무원은 공적 관계에 어울리는 적절한 호칭어로 서로를 불러야 한다. 이를 통해 서로가 서로에게 존중의 태도를 표현할 수 있어야 한다. 존중의 태도는 호칭어와 함께 존댓말을 통해서도 표현되어야 한다. 이런 점에서 민원인이 공무원을 부를 때 쓰는 '언니야' 혹은 '총각'은 더더욱 부적절한 호칭어다. 이들 호칭어는 자연스럽게 반말을 이끌 수 있기 때문이다.

공무원도 똑같은 이유로 민원인들에게 연령이나 성별을 특정하는 호칭어를 사용해서는 안 된다. 시민들이 고용한 행정 전문가가 시민들을 '아줌마', '아저씨', '아가씨'를 비롯해 '할머니', '할아버지' 혹은 '어르신'이라는 호칭어로 부르는 것은 적절하지 않다.

민원인을 부르는 호칭어가 성별이나 연령에 따라 다를 이유가 없다는 것도 같은 맥락이다. 민원인이 남성인지 여성인지, 연령이 높은지 낮은지에 따라 공무원과 민원인의 관계 설정이 달라지는 것도 아닌데 성별이나 연령을 특정해 상대를 인식하는 것은 분명히 문제가 있다. 민원인으로 공무원 앞에 있는 것이지 중년의 여성이나 남성, 혹은 노년의 여성이나 남성으로 존재하는 것이 아니기 때문이다.

요즘은 시민들이 적극적으로 목소리를 높인 덕에 민원인을 부르는 호칭이 많이 개선된 것이 사실이다. 그럼에도 불구하고 여전히 민원인에 대한 호칭어 문제는 시민들을 불쾌하게 만들고 있다. 공무원의 부적절한 호칭어 사용은 그의 부적절한 대민 의식을 보여 주는 단적인 지표가 된다. 이처럼 언어는 정말 많은 것을 담고 있다.

그렇다면 공무원과 민원인은 서로 뭐라고 부르는 게 좋을까?

서로 뭐라고 불러야 할까
— 공적 관계에서의 호칭어 사용

대민 업무를 주로 담당하는 6급 이하의 공무원은 앞서 소개한 포스터에서 제안하듯 '주무관(님)'으로 부르는 것이 적절하다.

우선 '주무관'이라는 단어에 대해 살펴보자. '주무관'은 공무원의 직급이나 직위가 아니다. 주무관이라는 명칭은 2010년 7월 1일부터 시행된 6급 이하 실무직 공무원 대외직명제 운영 지침에 의해 마련되었다. 이 지침은 6급 이하 실무직 공무원 중 법령상 직위가 없는 실무직 공무원들에게 '주무관'이라는 대외직명을 사용하도록 규정하고 있다. 직위가 없는 6급 이하 공무원의 경우 대외적으로 규정된 호칭어가 없어서 대민 업무 시 불

144

편이 있어 온 만큼, 이를 해결할 방안이 마련된 것이다. 포스터에서 '주무관' 혹은 '주무관님'이라고 불러 달라는 호소는 바로 이 규정에 기반한 것이라 할 수 있다.

둘 중 더 적절한 것은 '님'을 붙인 '주무관님'이다. '님'을 생략한 '주무관'이라는 호칭어는 자칫 하대로 들릴 수 있는 만큼, 공적 관계에서는 '님'을 반드시 붙이는 것이 좋다. 상대의 연령이나 지위와 무관하게 말이다.

성숙한 시민의식을 갖춘 사람이라면 공적인 상황에서 누구에게든 예의를 갖추는 것이 옳은 태도일 것이다. 이때 '님'은 공적인 관계에 있는 상대에게 예의를 표하는 필수 아이템이라고 할 수 있다. 사석에서는 사적인 관계를 드러내며 '주무관'이라고 부를 수 있겠지만, 공석에서는 공적인 관계이므로 '주무관님'이라고 불러야 한다.

하지만 민원인 입장에서 주무관이라는 말이 낯설고 입에 붙지 않아 기억나지 않는다면 어떻게 할까? 하나는 이름(성을 포함한 이름)에 '님'을 붙이는 방법이 있다. 대민 업무를 하는 공무원의 이름표가 창구에 있다면 이름에 '님'을 붙여서 부르면 된다. 만약 이름표를 찾을 수 없다면 가장 무난한 호칭어인 '선생님'을 사용하는 것도 방법이다.

이 방법은 공무원이 민원인을 부를 때도 똑같이 적용된다. 민원인의 이름을 아는 경우 이름 다음에 '님'을 붙여서 'ㅇㅇㅇ 님'

이라고 부르면 된다. 만약 민원인의 이름을 모른다면 민원인의 성별이나 연령과 무관하게 '선생님'이라는 호칭어를 사용하는 것이 가장 무난하다.

이처럼 공적인 관계에서는 연령이나 성별에 기반한 호칭어를 그 어떤 것도 사용하지 않는 것이 중요하다. '아가씨, 아줌마, 아저씨'는 물론 '할머니, 할아버지, 어머니/어머님, 아버지/아버님'과 같이 연령과 성별에 기반한 호칭으로 민원인을 부르는 것은 매우 부적절하다. 같은 이유에서 '어르신'이라는 호칭어도 삼가야 한다. 이 말은 듣는 사람에 따라 불쾌감을 유발하는 호칭어가 될 수 있다. 이 호칭어를 통해 노인 취급을 당한다고 생각하는 사람이 있기 때문이다.

사실 가장 문제가 되는 것은 어린이나 청소년 민원인의 경우다. 우선, 부르는 입장에서 '선생님'이라는 말을 쓰기에는 왠지 주저되는 것이 사실이기 때문이다. 또한, 그 말을 듣는 어린이나 청소년들 역시 그 호칭어로 불리는 것을 편하게 생각하지 않을 것 같다. '학생'이라는 호칭어를 사용하는 것도 문제일 수 있다. 이 또한 성별이나 연령에 기반한 호칭어처럼 학교에 다닐 나이라고 짐작하고 부르는 말이기 때문이다. 설령 학교에 다닐 나이라고 하더라도 실제로는 학교생활을 하지 않을 수 있다는 점을 감안하면 호칭어로서 그리 적절하다고는 할 수 없다. 이런 경우라면 이름을 묻고 이름에 '님'을 붙여 부르는 것이 가장 좋은 해법이 아닐까 생각한다.

하지만 또 한편으로는 '선생님'이라는 호칭어를 왜 어린이나 청소년들에게는 붙이면 안 된다고 생각하는지, 과연 그 생각이 옳은지 고민해 봐야 한다. 우리는 누구나로부터 배움을 얻을 수 있다. 그러니 어떤 누구도 나의 선생님일 수 있지 않을까.

다만, 선생님이라는 단어의 의미가 '먼저 태어난 사람'이라는 점이 마음에 걸리기는 한다. 연령 권력을 담고 있는 단어이기 때문이다. 그렇다면 우리는 두 가지를 고민해야 한다. '선생님'을 대신할 말을 만들어 새로고침을 하거나 '선생님'의 의미를 재해석하는 방법이다. 우리에게 배움을 준 사람은 그 배움의 부분에서 먼저 태어난 사람이라고 할 수 있다. 그러니 그 사람은 '선생님'이라는 호칭어에 어울린다. 이런 의미에서 우리는 서로에게 '선생님'이 될 수 있지 않을까 생각해 본다.

끝으로 강조하고 싶은 것이 있다. 일상에서 호칭어는 자연스러운 대화를 위해 꼭 필요하다는 점이다. 그래서 호칭어는 내게도 편해야 하고 상대에게도 편해야 한다. 부르는 사람에게 호칭어가 불편하면 상대를 부르기가 부담스러워서 말을 이어 가기가 어려워진다. 또, 듣는 사람에게 호칭어가 불편하면 상대가 자신을 부를 때마다 불쾌감이 느껴져서 그가 하는 말을 제대로 들을 수 없다. 그러니 서로 편한 호칭어를 찾는 것은 관계에서 매우 중요한 일이다.

그렇다면 굳이 혼자서 호칭어를 결정하려고 애쓸 필요가 없다. 만약 내가 선택한 호칭어를 듣고 상대가 불편해하는 기색을 보인다면 상대에게 직접 묻는 것도 좋은 방법이 될 수 있다. 예를 들어 '선생님'이라고 불렀는데, 상대의 반응이 "제가 무슨 선생님이에요, 저는 선생님 아닙니다"라고 정색하며 불편해한다고 가정해 보자. 이런 경우라면 먼저 사과를 한 후에 정중한 태도로 "그럼 뭐라고 불러 드릴까요?"라고 상대의 의견을 묻는다. 그리고 상대가 듣기 편한 호칭어를 함께 찾아본다. 또, 상대를 부를 호칭어가 떠오르지 않는다면 상대에게 어떻게 부르면 좋을지 물어 보면 된다.

호칭어는 서로의 관계를 드러내는 말이다. 어떤 호칭어를 사용할지 깊이 고민하는 것은 결국 관계를 깊이 고민하는 것과 같다. 깊이 있는 고민을 위해서는 호칭어처럼 관계의 도구로 사용되는 언어에 대한 깊이 있는 이해와 지식이 필요하다.

호칭이 불편할 때
대응하는 법

직장 내 호칭 때문에 스트레스를 받는 사람이 생각보다 많다. 부적절하게 호칭되는 것이 상대가 자신을 인정하지 않는 것으로 생각되기 때문이다. 직장 내 구성원들 사이에서는 물론, 업무상 접하게 되는 외부인들과의 관계에서도 호칭 문제가 직장 생활을 힘들게 하는 요소로 작용하는 경우가 꽤 많다.

예를 들어 어떤 부장은 나이가 많은 과장이 자신에게 '님'자를 붙이지 않고 'O 부장'이라고 부르는 것이 불편하고, 어떤 과장은 자신보다 어린 부장이 자신에게 '님'자를 붙이지 않고 'O 과장'이라고 부르는 것이 불편하다. 또, 영업이나 마케팅 등 외부인과의 접촉이 많은 직종의 경우에도 외부인들이 부르는 호칭 때문에 스트레스를 받는 경우가 많다.

앞서 이야기한 대로 호칭어란 상대가 나를 자신과 어떤 관계로 인식하고 있는지를 스스로 고백하는 말이기 때문에, 상대가 나를 내가 기대한 것과 다른 관계로 인식하고 있음이 호칭어를 통해 드러나면 불편감과 불쾌감을 느끼게 된다.

그렇다고 내가 직급이 더 높은데 어리다고 나를 무시해서 '님' 자를 붙이지 않는 것이냐고, 직급이 높다고 나이도 어리면서 나를 무시해서 '님'자를 붙이지 않는 것이냐고 따지는 것은 너무 옹졸해 보일 수 있다. 이렇게 호칭 문제로 직장 생활이 힘들 땐 어떻게 해야 할까?

한 강연에서 청중이 했던 질문이다. 직업이 간호사인 여성이었는데 자신보다 나이가 많아 보이는 환자나 보호자에게 '간호사 언니'라고 불리는 것이 듣기 불편한데 이럴 때는 어떻게 대응해야 하냐고 물었다. 사실 참 어려운 문제다. 상대가 악의를 가지고 그렇게 부른 것이 아닐 가능성이 높기 때문이다. 말하는 사람 딴에는 친근감을 표현한답시고 '간호사 언니'라고 불렀는데, 이런 사람에게 '언니'를 빼고 '님'을 붙여 달라고 한다면 오히려 내가 이상한 사람으로 비칠 수 있다.

물론 정답이 있는 문제는 아니지만 나는 다음과 같이 답했다.

나이도 많은 상대가 나를 '간호사 언니'라고 부른 것은 친근감을 표시하기 위해서일 가능성이 높다. 따라서 정색을 하고 호칭의 부적절성을 지적하거나 올바른 호칭으로 교정해 주는 것은 해결책으로 적절하지 않을 가능성이 높다. 사람들은 자신의 잘못보다는 상대의 지적에만 주목하는 경향이 있기 때문이다. 게다가 적절한 호칭을 사용한다는 것은 엄청난 수준의 언어 능력이어서 우리가 일상적으로 만나는 많은 사람은 적절한 호칭어를 사용하지 못할 가능성이 높다. 그런 의미에서 이는 상대의 언어 능력이 부족해서 생긴 문제다. 즉, 내 문제가 아니라 상대의 문제다. 상대의 문제가 내 문제가 되어서는 곤란하다. 그러니 나라면 상대를 더욱 깍듯이 거리를 두고 대할 것 같다. 상대를 '선생님'이라는 호칭어로 부르되 일반적인 상황보다 더 자주 이 호칭을 사용함으로써 상대에게 깍듯하게 거리를 두는 나의 태도를 드러내는 것이 어떻겠냐고 말이다.

이런 내 제안이 그 간호사에게 답이 되었을지 아닐지는 알 수 없다. 하지만 그보다 중요한 것은 우리 모두가 바른 호칭어의 사용을 위해 고민하고 노력하고 있다는 점이다.

만약 여러분이 이런 질문을 받았다면 어떤 답을 제공할 수 있을까? 각자 답을 생각해 보고 주변 사람들과 이야기를 나누어 보자.

호칭어를 통해 본 우리 사회

호칭어가 흥미로운 이유는 두 가지다. 하나는 한국어가 가진, 다른 언어에서는 드물게 관찰되는 특징을 보여 주기 때문이고, 다른 하나는 호칭어에 우리 사회의 모습이 그대로 투영되기 때문이다. 어떤 말이 호칭어로 사용되는지, 그리고 누구에게 어떤 호칭어가 사용되고 있는지를 살펴보면 정말 많은 것을 알 수 있다.

우리는 흔히 직업에는 귀천이 없다고 한다. 하지만 실제 언어의 세계를 들여다보면 과연 그런가 고개를 갸우뚱하게 만든다. 귀천까지는 아닐지라도 고하(높고 낮음)가 존재한다는 의식이 호칭어를 통해 드러난다. 어떤 직업은 호칭어로 쓰이고 어떤 직업은 호칭어로 사용되지 않는다. 대체로 호칭어로 사용되는 직업은 그렇지 않은 직업보다 사회적으로 높은 지위를 갖는다. 예를 들어 교수, 검사, 변호사, 판사는 호칭어가 되지만, 운전사, 모델, 판매원은 호칭어가 되지 못한다.

또, 일부 직업은 직업명이 호칭어로 사용되지 않다가 호칭어의 지위를 얻는다. '배우'가 대표적이다. 배우는 원래 호칭어로 사용되지 않았던 직업이었다. 하지만 최근에는 '김 배우님'처럼 '배우'가 호칭어로 사용되는 일이 자주 귀에 들린다. 반면에 '가수'는 아직도 호칭어의 지위를 갖지 못한 직업이다. '김 가수님'과 같은 호칭어는 '김 배우님'에 비해 훨씬 귀에 설다.

그럼 가수와 배우의 이러한 차이는 왜 생긴 것일까? 더 깊은 연구가 필요하겠지만 그것은 아마도 가수보다 배우에게 이름 말고 직업적 정체성을 드러내는 호칭어를 붙여 주어야 한다고 생각하는 사람이 많기 때문일 것이다. 대면하여 이야기할 때 '누구 씨'라고만 부르기가 매우 껄끄러운 중년 이상의 배우들이 존재감을 가지고 현역으로 다수 활동하고 있는 것과 관련이 있지 않을까 추측해 본다. 특히 영화 산업의 발달은 배우의 영향력을 키웠고 그 영향력이 호칭어로 드러나는 것이 아닐까.

배우를 비롯해 연예인들이 가진 우리 사회에서의 지위 변화는 호칭어의 변화를 통해서도 고스란히 드러난다. 'ㅇ 양', 'ㅇ 군'으로 불리던 연예인들이 'ㅇ 씨'로 불리다가 'ㅇ 씨'가 조심스러워지는 단계를 지나며 새로운 호칭어의 등장을 필요로 하게 되는 양상을 살피는 것은 매우 흥미로운 일이 될 것이다.

여성 호칭 투쟁기 : ○○○ 씨라고 불러 주세요

지금으로서는 상상이 되지 않지만 직장 내에서 여성이 남성과 동일한 호칭으로 불린 것은 그리 오래되지 않는다. 동일한 직급이더라도 성별에 따라서 부르는 방법이 달랐던 것이다. 여성들은 이러한 남녀 차별적인 호칭을 시정하기 위해 40년 전부터 목소리를 냈지만, 1990년대 후반까지도 호칭의 남녀 차별이 직장 내에 존재했다. 이러한 사실은 당시의 신문 기사를 통해 쉽게 확인할 수 있다.

우선 직장에서 구성원들이 성별에 따라 어떠한 호칭으로 불렸는지를 알려 주는 1983년 1월 19일 자 조선일보 7면의 기사를 살펴보자. 제목은 '여사원들 "이름 불러 주세요"'다. 이 기사는 럭키금성그룹의 반도상사가 남녀 사원 640명(남 414명, 여 226명)을 대상으로 실시한 호칭에 대한 설문 조사 결과를 통해 실태를 전하고 있다.

조사 결과, 성별에 따라 직장 내에서 불리는 호칭 방법이 달랐음을 확인할 수 있다. 남성들은 주로 '○○○ 씨'(61.1%)로 불린 반면, 여성들은 주로 '미스 ○'(59.5%) 혹은 '○ 양'(13.5%)으로 불렸다. 특히 서울 이외의 지역 지사나 공장에서 일하는 여성 직원들은 대체로 '○ 양'으로 불렸으며 이에 대해 불만을 토로했음이 확인된다. 호칭에 대한 만족도에서도 남녀는 큰 차이를 보였다. 여성이 남성에 비해 만족도가 낮아서, 여성의 절반 이상이 경우에 따라서 호칭에 불편함을 느낀다고 응답했다.

이 조사는 또 사원들이 생각하는 적당한 호칭과 바람직하고 듣기 좋다고 생각하는 호칭이 무엇인지에 대해서도 물었다. 우선 적당하다고 생각되는 호칭에는 남녀 간 차이가 있었다. 남성 동료에 대해서는 'ㅇㅇㅇ 씨'(60.5%), '선생님'(28%), 'ㅇㅇㅇ 님'(17%)이 적당하다고 응답한 반면, 여성 동료에 대해서는 '미스 ㅇ'(56%), 'ㅇㅇ 씨'(24%), 'ㅇㅇ 양'(17%)의 순으로 적당하다고 응답했다. 하지만 바람직하고 듣기 좋은 호칭이 무엇인지를 묻는 설문에서는 남녀 모두 성별과 무관하게 이름을 다 부르는 'ㅇㅇㅇ 씨'라고 응답했다. 하지만 이 호칭은 '아직 여성 직원들에게는 매우 드물게 사용되는 호칭'이라고 기사는 전하고 있다.

1986년 4월 14일 자 매일경제는 '남성 우월 의식이 문제'라는 제목의 기사를 통해 직장에서 사용하는 남녀 간 호칭 차별과 여성에 대한 반말 사용을 지적했다. 같은 해 9월 5일 자 동아일보는 '여성 호칭, 어떻게 불러야 좋을까'라는 제목의 기사에서 '미스 ㅇ', 'ㅇ 양'은 듣는 쪽이 거부 반응을 일으키는 만큼, 결혼 여부와 무관하게 'ㅇㅇㅇ 씨'로 부르는 것이 적절하다는 내용을 전하고 있다. 1988년 2월 2일 자 경향신문의 '직장여성, "미스 호칭은 싫어요"', 1989년 2월 3일 자 한겨레의 '남녀 간 호칭 차별 심해', 1991년 6월 26일 자 조선일보의 '절대다수가 ㅇㅇㅇ 씨 선호' 등의 기사도 확인된다.

또 1992년 3월 25일 자 동아일보에서는 대한항공 서울여객지점에 근무하는 20대 여성이 쓴 호칭과 관련한 기고를 만날 수 있다.

이 글에서 기고자는 자신이 직장 내에서 두 가지 호칭, 즉 '이미경 씨'와 '미스 리'로 불리는 현실을 전한다. 여성 직원이 대부분인 자신의 부서에서는 '이미경 씨'라고 불리지만 남성 직원들이 많은 옆 부서로 가면 바로 '미스 리'가 된다며 성차별적인 호칭의 현실을 보여 주고 있다.

1994년 4월 11일 자 동아일보에 실린 한 화장품 회사의 홍보실 카피라이터의 기고에서도 '미스' 호칭과 관련한 내용을 찾을 수 있다. 한 신입사원이 거래처에서 걸려 온 전화를 받으며 벌어진 에피소드다. 거래처 직원이 경리사원을 '미스 정'이라고 부르며 전화를 바꿔 달라고 하자 그 신입사원은 미스 정이라는 사람은 없는데 혹시 정○○ 씨를 찾는 거냐며 호칭을 교정해 주었다는 이야기다.

1997년 2월 24일 자 동아일보에서도 한 직장에서 벌어진 호칭과 관련한 에피소드를 발견할 수 있다. 나이 많은 부장이 여성 하급자에게 "미스 정, 이 서류 열 장만 복사해 줘"라고 하자 "미스터 김, 저 지금 바쁜데요"라고 응했다는 것이다. '미스'로 부른 상급자에게 '미스터'로 응수한 것이다.

이 기사들을 통해 실제로 여성들은 1990년대 후반까지도 직장 내에서 '미스 ○' 호칭을 완전히 벗어나지 못하고 있었음을 알 수 있다. 여성 직장인들이 '미스 ○'을 탈출해 남성들과 동등하게 '○○○ 씨' 혹은 직급 호칭으로 불리게 된 것이 불과 20년이 채 되지 않는다는 사실이 새삼 놀랍다.

호칭 인플레이션

'선생님'이라는 호칭어는 현재 우리 사회에서 가장 무난하고 안전한 호칭어로 빠르게 자리 잡아 가고 있다. 상대를 어떻게 불러야 할지 고민스러울 때 '선생님'은 가장 좋은 선택이 되고 있다.

하지만 호칭어 '선생님'의 이러한 용법에 대해 거부감을 표하는 사람도 많다. 선생님이라는 호칭어는 존경을 받아야 하는 사람에게만 붙이는 귀한 호칭어인데 아무에게나 이 호칭어를 사용하는 것은 심한 호칭 인플레이션이라는 것이다. 그들은, 이러한 호칭의 인플레이션이 선생님이라고 불리기 위해 노력한 사람들에 대한 무례요, 가뜩이나 실추된 교권을 더욱 위축시키는 일이라고도 말한다.

사실, 호칭 인플레이션 문제를 지적하는 목소리는 과거에도 있었다. 지금은 '선생님'이지만 과거에는 '사장님'과 '사모님'이라는 호칭에 대한 문제 제기였다. 1970년대 신문 기사에는 낚시터의 '사장족'이 등장하고,[13] 1980년대 칼럼에는 사장님 등의 '칭호격상심리'에 대한 문제의식이 있으며,[14] 1990년대 기사의 제목은 아예 「호칭 인플레」 심하다'[15]이다.

과거와 현재의 호칭어 인플레이션에 대한 언급을 비교하면서 나는 두 가지 점에 주목하게 되었다.

첫째는 호칭어 자체에 대한 것이다. 과거에는 남자에게 '사장님',

여자에게 '사모님'이었던 것이 지금은 남녀 구분 없이 '선생님'이 되었다는 점이다. 성별에 기반한 호칭어에서 성별 중립적인 호칭어로 변화했다. 그리고 과거에는 사업체 경영자를 부르는 호칭어였는데 현재는 가르치는 일을 하는 사람을 부르는 호칭어로 변했다는 점이다.

둘째는 호칭 인플레이션을 비난하는 사람들의 생각이다. 그때나 지금이나 이들은 해당 호칭어는 누구에게는 허할 수 있고 누구에게는 허할 수 없다고 생각한다. 그런데 그 생각의 이면에는 그 호칭어로 불리는 사람과 그 호칭어로 불리지 못하는 사람이 서로 구분되어야만 한다는 생각이 숨어 있다. 그 호칭어를 독점하고 싶어 하는 집단의 욕망이 그 호칭어를 너도 나도 쓰는 것을 못마땅하게 여기게 한 것이다. 결국, 독점을 통해 누렸던 가치가 희석되는 것이 불쾌하고 불편했던 것이다.

사실, 호칭 인플레이션은 걱정할 이유가 전혀 없다. '선생님'으로 불리는 사람이 많아지는 것은 사회에 긍정적인 영향을 줄 뿐, 부정적인 영향을 주지는 않을 테니 말이다. 만약 모든 사람이 존귀한 존재라는 데 동의한다면, 또 누구에게나 배울 점이 한 가지씩은 다 있다는 생각에 동의한다면 '선생님'이 되지 못하는 사람은 없을 것이다. 게다가 구성원들이 서로가 서로를 선생님이라고 부르며 상호 존중하는 문화를 만드는 것은 우리 사회의 품격을 높이는 데 분명히 기여할 것이다.

*5장

직장 내 호칭에
숨은 불편한 진실

호칭 변화로 수평적인
조직 문화를 만들 수 있을까

2022년 봄이었다. 한 기업의 인사팀으로부터 전화를 받았다. 내 책《언어의 높이뛰기》를 읽었다며, 자신의 회사에 도움이 되는 말을 해 줄 수 있지 않을까 해서 강연을 요청한다는 내용이었다. 이야기를 더 들어 보니, 그 회사는 올해 초부터 수평적인 조직 문화를 만들기 위해 직급 체계를 개편하고 호칭을 통일하게 되었다고 했다. 사원부터 대표이사로 이어지는 전통적인 직급 체계를 벗어나 직급을 단순화하고, 기존의 직급 호칭을 탈피하여 구성원들이 서로 직급과 무관하게 이름에 '님'을 붙이는 방식을 채택했다는 것이다.

그런데 시행 후 생각보다 불편을 호소하는 사내 목소리가 높아서 고민 중이라고 했다. 직급이 높은 쪽은 높은 쪽대로, 직급이 낮은 쪽은 낮은 쪽대로 낯설어하고 불편해하고 있다는 것이다. 더 큰 불만을 나타낸 쪽은 직급이 높은 쪽이었는데, 상황이 개선되지 않아 전문가의 도움이 필요하다는 설명이었다. 부디 전문가 입장에서 호칭 개편이 왜 필요한지, 그로 인해 조직 문화가 어떻게 바뀔 수 있는지 등에 대해 강연을 해 주었으면 좋겠다는 것이 요지였다.

이야기를 들은 나는 그에게 호칭 통일을 시행하기 전에 어떤 분야의 전문가에게 어떤 이야기를 들었는지 물었다. 이런 큰 변화를 추진하려면 당연히 시행 전에 전문가의 의견을 들었을 거라고 생각했기 때문이다. 하지만 의외의 답이 돌아왔다. 사전에 전문가 자문 과정이 전혀 없었다는 것이다.

놀라기는 했지만 조금 생각해 보니 크게 놀랄 일도 아니었다. 최근 많은 회사들, 특히 굴지의 기업들이 직급 개편과 호칭 통일을 통해 조직 문화를 개선하려 했던 사례가 많았으니 굳이 사전 자문의 필요를 느끼지 못했을 수도 있었겠다 싶었다.

실제로 요즘 많은 직장에서 소위 '호칭 통일'을 하고 있다. 강연 의뢰를 받고 얼마 지나지 않아 한 중견기업에서도 호칭을 통일한다는 소식을 들었다. 마침 그 기업에 다니는 제자가 있어서 전화를 했다. 회사에서 호칭 통일을 시행하면서 이를 왜 하는지에 대한 자세한 설명이 있었는지, 있었다면 어떤 설명이었는지를 묻기 위해서였다. 그런데 그 제자 역시 회사로부터 특별한 설명을 듣지는 못했다고 했다. 그냥 지금부터 호칭을 '이름＋님'으로 바꾼다는 공지를 이메일로 전달받았을 뿐, 상세한 설명은 없었다는 것이다.

호칭 변화를 위한 다양한 시도

도대체 부르는 말이 뭐라고 많은 기업이 지난 20여 년 동안 이 문제에 관심을 가지고 변화를 꾀하려 해 온 걸까?

국내 대기업 중에서 소위 '호칭 통일' 혹은 '호칭 파괴'를 가장 처음 시도한 기업은 CJ그룹이다. CJ는 삼성그룹에서 독립한 후에 다양한 파격을 시도했다. 대표적인 것이 복장 자율화, 탄력 근무제에 이은 호칭 통일이다. CJ는 2000년 1월 1일부터 직급과 무관하게 인턴부터 회장까지 이름 뒤에 '님'을 붙여 부르는 호칭 제도를 시행했다.

그 이후 많은 기업이 뒤를 이어 호칭 문화를 바꾸기 위한 다양한 시도를 했다. 구체적인 가이드라인은 회사마다 차이가 있었다.

어떤 회사는 CJ그룹처럼 직급과 무관하게 모두 동일한 방법으로 호칭 원칙을 정했다. 구체적으로 살펴보면 '이름+님'으로 통일하는 방법과 별명 혹은 영어 이름으로 부르는 방법이 가장 많다.

이와 달리 직급에 따라 차이를 두되, 그 범주를 둘 혹은 셋으로 제한하는 원칙을 둔 회사도 있다. 범주별로 호칭을 통일한 것이다. 프로, 책임, 매니저의 세 범주를 두거나 매니저와 리더로 이원화하는 것이 대표적이다.

한편, 경영진과 임원을 예외로 하는 '수평 호칭 제도'를 도입한 경우도 있었다. 즉, 경영진과 임원들은 기존대로 직책과 직급에 따른 호칭을 사용하고 나머지 직원들은 변화된 수평 호칭을 사용하는 제도였다.

직장에서 호칭이 달라져야 하는 진짜 이유

직장 내에서 사용되어 오던 기존의 수직적 호칭 체계는 한국어의 특징과 결합해 기업 문화를 수직적으로 만들어 왔던 것이 사실이다. 수직적 직급 체계와 그 직급 체계를 반영한 수직적인 언어 사용이 조직 구성원의 관계를 수직적으로 만들어 왔던 것이다. 이러한 수직적인 기업 문화는 직급이 높은 사람을 '윗사람', 직급이 낮은 사람을 '아랫사람', 즉 직급의 위계를 사람의 위계로 생각하게 하는 함정에 빠트렸고 그 결과 조직의 경쟁력을 약화시켰다. 이러한 진단에 기초해 기업들은 호칭의 변화를 꾀하고자 했던 것이다. 이처럼 호칭 통일은 수직적인 조직 문화로부터의 결별을 선언하는 것이라고 할 수 있다.

그런데 역설적으로 수직적 조직 문화와의 결별 선언인 호칭 통일의 시행 과정은 수직적인 조직 문화의 전형을 보여 준다. 어느 날 갑자기 경영진이 결정하고 "시행!"이라고 선언하면 따라 하는 상명하복식이니 말이다. 새로운 제도가 정착하려면 제도 변화의 비전을 모든 구성원이 공감할 수 있도록 그 취지와 철학을 설명하고 알리는 일이 매우 중요하다. 특히 호칭의 변화처럼 구성원들에게 엄청난 영향을 미치는 일의 경우는 더더욱 말이다.

그렇다면 이제 호칭의 변화가 구성원들에게는 어떤 의미인지를 알아볼 필요가 있다.

호칭어 없이는 말하기 힘든 한국어

사실, '호칭 통일'로 대표되는 조직의 호칭 변화는 수직적인 조직 문화를 수평적인 조직 문화로 만들기 위해 꼭 필요한 요소다. 물론 호칭의 변화는 생각보다 영향력이 크기 때문에 그 변화의 과정에서 힘들고 짜증나고 번거로운 일들이 발생할 수밖에 없다. 하지만 그간 익숙하게 부르던 호칭을 버리고 새로운 호칭을 입에 붙여야 하는 번거로움과 불편함보다 더 큰 문제가 있다. 호칭의 변화가 가져오는 복잡하고 미묘한 감정의 불편함이다. 상급자는 상급자대로, 하급자는 하급자대로 호칭의 변화는 서로 다른 종류의 감정적 불편함을 가져다준다.

상급자의 불편함은 익숙하게 누리던 것을 잃게 된다는 '박탈감'으로 요약될 수 있다. 그 박탈감은 이런 수평적인 호칭으로의 변화가 자신이 그간 받아 왔고, 또 앞으로도 응당 받아야 마땅하다고 생각하는 대우를 받지 못하게 된 데서 온다. 자신이 하급자를 'OOO 님'으로 부르는 것이 문제가 아니라, 하급자가 자신을 'OOO 님'이라고 부르는 것이 문제의 핵심이다. 까마득한 신입사원이 부장인 자신을, 혹은 과장인 자신을 'OOO 님'이라고 부르는 것이 그리 유쾌할 것 같지는 않다. 한 계단씩 승진할 때마다 달라지던 호칭을 그간의 노력에 대한 보상으로 여겨 온 만큼, 호칭 변화로 그 보상을 한순간에 박탈당하는 듯한 허전함을 느낀다. 하지만 이런 감정을 드러내는 것은 못나 보일 수 있음을 알기에 더더욱 속마음이 불편하다. 게다가 외부인들을 만날 때도 초라해질 것 같다. 상대에게는 '이사', '부장', '팀장' 등의 내세울 만한 계급장이 여전히 있는데, 계급장이 없어진 나를 상대가 어떻게 대할까 생각하면 조바심이 난다.

이렇다 보니 상급자들은 호칭 변화에 대해 찬성보다는 반대다. 그리고 그 명분은 '대외 관계에서 생길 수 있는 문제점'이다. 조직 내에서는 괜찮지만 외부인과의 관계에서는 문제가 생길 수 있다는 점을 내세운다. 상대하는 외부인들은 직위나 직책에 기반해 '이사'고, '부장'이고, '팀장'인데 우리 조직에는 이런 직위나 직책의 위계 없이 'OOO 님'이니 외부인과의 관계에서 어려움을 느낀다는 것이다.

한편, 하급자들의 불편함은 '불안감'으로 요약된다. 어제까지 '이사님', '부장님', '팀장님'으로 부르던 사람을 하루아침에 'ㅇㅇ ㅇ 님'으로 불러야 한다는 것이 영 내키지 않는다. 괜히 그렇게 불렀다가 미운털이 박히지는 않을까 걱정이 된다. 조직 내에서 상급자에게 가장 받지 말아야 할 평가가 '무례하다, 싸가지 없다, 건방지다'임을 알기에 더더욱 상급자를 'ㅇㅇㅇ 님'으로 부르는 것이 불편하고 불안하다.

게다가 호칭 변화는 구성원 모두를 매일의 일상에서 시시때때로 변화의 영향권에 놓이게 한다는 점에서 영향력이 막강하다. 직장 내에서 구성원들 사이의 의사소통은 필수적이다. 말이나 글을 통한 의사소통 없이 직장 생활을 한다는 것은 불가능하다. 구성원들이 서로 말과 글을 주고받으려면 호칭을 반드시 써야 하고, 그때마다 변화된 호칭 체계를 반영해야 한다. 그러니 호칭의 변화는 구성원 모두가 아무리 그 영향권을 벗어나려 해도 피할 수 없다. 조직의 구성원들이 호칭 변화의 필요성을 충분히 이해하고 동의해야만 하는 이유다. 그렇지 않으면 호칭 변화는 잠재적인 갈등 요소가 될 수 있다.

따라서 '호칭 통일!'이라는 선언만으로는 구성원들의 변화를 이끌기 어렵다. 이것이 바로 호칭 통일을 선언했다가 성공적인 결실을 보지 못하고 다시 과거의 호칭 체계로 돌아간 기업이 생기는 이유다. 선언이 아니라 변화가 필요한 이유를 설명하고 실행 시 예상되는 다양한 문제와 이에 대처할 수 있는 꼼꼼하고 세심한 방안들을 마련해야 한다.

너를 너라고 부를 수 없는 한국어

호칭의 변화가 이런 큰 영향력을 갖는 이유는 한국어가 지니는 특징 때문이다. 한국어의 특징을 이해해야만, 그래서 한국어에서 호칭이 갖는 의미를 이해해야만 구성원들이 엄청난 불편함을 감수하고 변화에 동참할 수 있게 된다. 하지만 불행히도 대부분의 호칭 제도 변화를 도입한 기업들은 구성원들에게 호칭이 갖는 사회언어학적인 의미를 충분히 이해시키지 못한 것으로 보인다. 새로운 호칭 제도가 잘 정착된 경우도 있지만, 일부 기업들은 변화를 시도했다가 다시 과거의 호칭 체계로 되돌아갔으니 말이다.

그렇다면 한국어의 어떤 특징이 호칭과 관련된 것일까?

그것은 바로 2인칭 대명사의 특징적인 사용 양상이다. 한국어는 '너를 너라고 하기 어려운 언어' 중 하나다. 한국어는 공손성이 요구되는 상황에서 '너'나 '당신' 같은 2인칭 대명사를 사용하지 말아야 하는 언어 유형에 속한다. 대화 상대가 누구든

2인칭 대명사인 'you'를 사용할 수 있는 영어와는 사뭇 다르다. 영어 사용자들은 상대를 가리지 않고 할머니에게도 어머니에게도 상사에게도 'you'를 사용할 수 있다. 그런데 언어 중에는 한국어와 같은 유형이 매우 드물고, 영어와 같은 유형이 일반적이다.

전 세계 언어는 2인칭 대명사에서 보이는 '공손성의 구분'을 기준으로 크게 네 가지 유형으로 분류될 수 있다. 우선 한국어와 같이 공손성의 이유로 2인칭 대명사의 사용이 회피되는 유형이다. '너를 너라고 하기 어려운', 이런 유형의 언어는 207개 언어를 대상으로 분석했을 때 7개, 즉 3%에 불과하다. 네 가지 유형 중에서 가장 적은 수의 언어가 이 유형에 속한다. 반면 영어처럼 공손성에 따른 구분이 없는 유형도 있다. 이런 언어는 207개 언어 중 136개로 66%를 차지한다. 가장 많은 수의 언어가 이 유형에 속한다. 나머지 두 유형은 공손성에 따라 2인칭 대명사가 두 가지로 구분되거나 세 가지 이상으로 구분되는 언어다. 전자, 즉 공손성에 따라 대명사가 두 가지로 구분되는 언어는 불어를 비롯해 49개 언어로 24%의 비율이다. 반면에 후자, 즉 공손성에 따라 대명사가 세 가지 이상으로 구분되는 언어는 타갈로그어를 비롯해 15개 언어로 7%의 비율을 보인다.[16]

이러한 이유로 한국어 사용자들은 공손함을 드러내야 하는 대상을 2인칭 대명사로 표현하지 않는다. 만약 길을 가다가 처음 만난 사람에게 '너', 혹은 '당신'이라고 말한다면, 상대는 이 말을 '전쟁의 선포'처럼 느끼며 매우 불쾌해할 것이다. 한국어에서 특정 대화 상대자를 '너'나 '당신'으로 칭하는 것은 말하는 사람이 대화 상대에게 공손함을 드러낼 필요가 없음을 뜻하기 때문이다.[17]

"너나 잘하세요"라는 말이 통쾌한 이유

그러니까 '너'나 '당신' 같은 2인칭 대명사의 사용은 그 자체가 대화 상대자에 대한 말하는 사람의 태도를 드러내는 장치가 된다. 즉, 한국어 사용자들은 대화 상대자가 자신을 '너'나 '당신'으로 칭하는 것을, '나는 당신에게 내 공손함을 전혀 드러낼 필요가 없다고 생각합니다'라고 해석한다. 그러니 초면의 상대 혹은 내게 공손함을 보여야 한다고 생각되는 상대가 나를 '너'나 '당신'이라고 부른다면, 이는 곧 나를 함부로 대하는 것이니 불쾌할 수밖에 없다.

영화 〈친절한 금자씨〉의 명대사가 떠오른다.

"너나 잘하세요."

이 말은 대화 상대를 '너'라고 칭하고 있다. 상대를 '너'라고 칭했다면 상대는 공손함을 드러낼 필요가 없는 사람으로 말하는 사람에게 인식된다는 뜻이다. 그러니 말끝은 반말을 사용해야 적절하다. 그런데 '잘하세요'라고 존댓말로 말끝을 맺고 있다. 상대를 '너'라는 대명사로 지칭해서 공손함을 드러낼 대상이 아니라는 태도를 보이다가, 이와 어울리지 않게 말끝을 '해요체'로 마무리해서 공손함을 드러낼 대상으로 대우하는 태도를 보인다.

이러한 부조화가 명대사를 탄생시킨 것이다. 대화 상대자를 '너'라는 대명사로 칭함으로써 모멸감을 준 후에, '잘하세요'라고 존댓말로 말을 끝냄으로써 당황스럽게 만든다. '당신은 '너'라는 말을 들어도 싼 사람이지만 반말까지 하면 내가 나쁜 사람이 되니 존댓말은 써 주겠어!'라는 자신의 태도를 드러내고 있다. 이는 욕을 입에 담지 않고도 욕을 하는 것보다 더 큰 효과를 얻게 된다. 한국어 사용자들이 이 대사를 듣고 통쾌함을 느끼게 되는 이유다.

그럼 이름으로 상대를 칭하면 어떨까? 한국 문화에서는 상대를 이름만으로 칭하는 것 역시 공손함을 드러내지 않음을 의미한다. 이름을 안다고 처음 만난 사람을 이름으로만 칭한다면 그것은 상대를 '너'나 '당신'이라고 칭하는 것과 같은 효과를 갖는다. 2인칭 대명사로 칭하는 것과 똑같이 이름만으로 상대를 칭하는 것 또한, '나는 당신을 공손함을 드러낼 대상이 아니라 생각합니다'라고 선언하는 것이 된다. 이름만으로 상대를 칭할 수 있는 관계라면 '너'라고도 칭할 수 있는 사람이다.

관계를 드러내는 호칭어와 지칭어

결국, '너'나 '당신'이라고도 칭할 수 없고, 이름으로도 칭할 수 없으니 별도의 말이 필요한 것이다. 그 별도의 말이 호칭어와 지칭어다. 한국어에 다양한 호칭어와 지칭어가 존재하는 이유가 바로 여기에 있다.

호칭어와 지칭어는 말하는 사람과 듣는 사람의 관계를 드러낸다. 호칭어와 지칭어에 따라서 높임법이 결정되는 것도 이 때문이다. 그래서 우리는 호칭어를 통해 말하는 사람과 듣는 사람의 관계를 알 수 있고, 그에 따라 말의 끝에 실현되는 상대 높임법을 결정한다. 호칭어를 들으면 존댓말로 말을 끝맺을지 반말로 말을 끝맺을지를 대체로 알게 되는 이유다. 그리고 지칭어를 통해 말하는 사람과 문장의 주어, 혹은 목적어나 부사어에 등장하는 인물과의 관계를 확인하고 그에 적절한 주체 높임법이나 객체 높임법을 실현한다. 사람 사이의 관계를 호칭어나 지칭어로 표현하고 그 표현을 바탕으로 문장의 높임법을 실현시키는 것이 한국어의 운용 방법이다.

그래서 한국어 사용자들은 누군가가 누군가를 '김 과장'으로 부르는지 '김 과장님'으로 부르는지에 따라서 말하는 사람과 듣는 사람 사이의 서열 관계를 가늠할 수 있다. 그 서열 관계에 기반해 말을 끝까지 듣지 않고도 '김 과장'이라고 부른 사람은 반말을, '김 과장님'이라고 부른 사람은 존댓말을 쓸 것이라고 예측한다.

만약 호칭어와 높임법이 서로 일치하지 않는다면 매우 어색한 한국어가 된다. 예를 들어 "김 과장님, 이거 해"라고 반말을 한다면 매우 어색하다. 만약 어색한데도 그렇게 쓴다면 말하는 사람이 듣는 사람에게 전하고자 하는 바가 따로 있는 것이다. 마치 〈친절한 금자씨〉의 '너나 잘하세요'처럼 말이다.

호칭어와
지칭어의 차이

이 장에서는 필요한 경우가 아니라면 호칭어와 지칭어를 명확히 구분하여 표현하지 않았다. 많은 경우 둘을 뭉뚱그려서 '호칭'이라고 표현했고 호칭하는 행위를 '칭하다' 혹은 '호칭하다'와 같이 표현했다. 그 이유는 자칫 용어 때문에 가독성이 떨어질 것을 우려해서였다. 하지만 실제의 언어 생활에서는 구분되어 사용되고 있는 만큼, 그 차이를 정확히 알고 상황에 맞춰 구사할 줄 알아야 한다.

말 그대로 호칭어는 '부르는 말'이고 지칭어는 '가리켜 이르는 말'이다. 호칭어는 상대를 부르는 말이기 때문에 상대와 내 관계만 따지게 된다. 하지만 지칭어는 가리켜 이르는 말이기 때문에 누구에게 그 대상을 가리켜 이르게 되는지에 따라서 매우 다양해질 수 있다. 즉, 말하는 사람과 칭해지는 대상과의 관계뿐 아니라 말하는 상황은 물론 대화 상대자가 누구인가에 따라서도 달라질 수 있다. 특히 가족 관계 지칭어는 지칭 상황에 따라서 매우 달라진다.

사위에 대한 호칭어와 지칭어를 예로 들어 보자. 사위에 대한 호칭어는 'ㅇ 서방'처럼 성에 '서방'을 붙이는 것이 일반적이다. 하지만 지칭어는 누구와 말하면서 그를 지칭하는가에 따라서 달라질 수 있다. 가족에게는 'ㅇ 서방'이 지칭어가 되지만 다른 사람, 특히 사위의 성을 모르는 사람과 이야기하면서 사위를 지칭할 때는 'ㅇ 서방'이 아니라 그냥 '사위'라는 단어를 사용한다. 다음의 예문 3처럼 말이다.

사위의 이름이 '가나다'라면 사위는 이렇게 불리고 가리켜질 것이다.

1. 가 서방, 어서 오게.
   (호칭어: 사위에게)
2. 가 서방 어제 거기 갔었니?
   (지칭어: 딸에게)
3. 사위가 어제 갔어요.
   (지칭어: 지인에게)

1은 호칭어의 예를, 2와 3은 지칭어의 예를 보였다. 1의 '가 서방'

은 호칭어이고 2의 '가 서방'과 3의 '사위'는 지칭어다. 이처럼 '사위'는 호칭어로는 잘 사용되지 않고 지칭어로만 사용되는 경향이 있는 반면에 'O 서방'은 호칭어와 지칭어로 모두 사용된다. '사위'를 호칭어로 해서 '사위, 밥 먹게'와 같이 말하는 것이 아주 불가능한 것은 아니지만 그리 일반적이지는 않다.

다른 예로 자녀에 대한 호칭어와 지칭어를 들 수 있다. 자녀를 부를 때는 이름을 호칭어로 사용하는 것이 일반적이다. 예외적인 경우가 아니라면 '딸'이 호칭어로 선택되지는 않는다. 하지만 딸을 지칭할 때는 '딸'이 지칭어로 사용된다. 특히, 딸의 이름을 모르는 사람에게 지칭할 때 '딸'은 지칭어가 된다.

이처럼 호칭어는 말하는 사람이 자신과 듣는 사람 사이의 관계를 드러내는 말이고, 지칭어는 말하는 사람이 자신과 자신이 가리키는 사람 사이의 관계를, 듣는 사람에게 드러내는 말이다. 서로 다른 기능을 수행한다. 따라서 호칭어와 지칭어의 차이를 바로 알고 상황에 맞게 정확히 사용할 필요가 있다.

언어의 새로고침으로
직장 문화를 유연하게

직급이나 직위와 무관하게 서로 이름에 '님'을 붙여 'OOO 님'
이라고 부르는 것은 수평적 조직 체계를 만드는 것 외에 또 다
른 중요한 의미를 부여할 수 있다. 그 의미란 바로 구성원 한 명
한 명을 조직 체계도상의 한 부분이 아니라, 조직 내 한 개인
으로서 인정한다는 것이다. 즉, 한 개인을 '가 대리님', '가 부장
님'이 아닌 '가나다 님'으로 칭함으로써 개인의 개별적인 특성
을 인정하고 다양성에 주목하려는 노력을 언어로 드러내는 것
이며, 또 이 변화가 잘 정착될 경우 충분히 그런 효과를 가져올
수 있다고 생각한다.

누군가를 '가 부장님'처럼 직급에 님을 붙여 부르는 것과 '가
나다 님'처럼 개인의 이름에 '님'을 붙여 부르는 것은 온도 차이
가 크다. '가 부장님'도 '가나다 님'도 모두 존댓말을 부른다는
공통점이 있어 말대접은 같다. 하지만 '가 부장님'은 그 대상을
회사의 수직적 직급 체계의 어느 한 부분으로서 인식하게 한
다. 반면에 '가나다 님'은 '가나다'라는 이름을 가진 유일한 개
인 그 자체로 인식하게 한다.

다음은 호칭 변화를 통해 조직 문화를 개선하고자 할 때 유
념해야 할 몇 가지다.

첫째, 아무리 친해도 회사 내에서는 서로 공적인 관계임을
잊지 말아야 한다. 공적 관계는 직급과 무관하게 상호 존대가
기본이다. 가족이나 친구, 선후배 관계는 사적 관계다. 공적 관
계와 사적 관계가 동시에 존재하는 사이라면 상황에 따라 말
을 구분해야 한다. 언어를 상황에 따라 구분하여 쓸 줄 아는
것이 바로 언어 능력이다. 아버지가 사장이라고 회사에서 사장
에게 '아버지'라는 호칭어와 지칭어를 사용하는 것이 부적절한
것처럼, 사적으로 친구 관계라고 회사에서 친구 관계를 드러내
는 호칭어나 지칭어를 사용하는 것은 부적절하다. 회사라는 공
적 공간에서 공적인 관계인 두 사람은 조직이 정한 호칭 체계
를 따라야 한다.

둘째, 인간관계는 늘 상호 수평적임을 잊지 말아야 한다. 직

급의 위계가 있는 것이지 사람의 위계가 존재하는 것이 아니다. 한국어는 한국어 사용자들로 하여금 사람의 위계를 끊임없이 따지게 하고 그 위계를 바탕으로 호칭을 결정하고 높임법을 실현하게 한다. 그리고 그 위계의 결정에 '나이'라는 기준을 엄격하게 따지게 한다. 이러한 한국어의 문제가 조직 내 위계를 사람의 위계로 착각하게 만든다. 그래서 '상급자, 하급자'가 아니라 '윗사람, 아랫사람'이라고 말하게 한다.

수평적인 호칭어 체계로 수평적인 조직 문화를 만들고 싶다면 직급에 따라서 다른 호칭 방식이 사용되지 않도록 해야 한다. 만약 성과 이름 전체에 '님'을 붙이는 방법으로 통일했다면 모든 조직원들이 서로가 서로를 '가나다 님'으로 칭해야 한다. 예를 들어 'OOO 님'의 호칭어를 사용할 때 상급자가 하급자에게는 성을 붙이지 않고 '나다 님'이라고 하고, 하급자가 상급자에게는 성을 붙여 '가나다 님'이라고 해서는 곤란하다. 또, 만일 성을 뺀 이름에 '님'을 붙이는 방식으로 통일했다면 모든 조직원이 서로를 '나다 님'으로 칭해야 한다.

하나 더 의견을 보태자면, 성을 붙여 '가나다 님'으로 통일하는 것이 '나다 님'과 같이 성을 빼고 통일하는 것보다 훨씬 현실적이다. 후자의 경우는 상급자들이 불릴 때도, 하급자들이 부를 때도 부담을 느낄 수 있기 때문이다. 그리고 병원이나 은행, 주민센터에서 '가나다 님'으로 불린 경험이 있는 만큼, '가나다 님'이 '나다 님'보다 훨씬 익숙하고 불편함도 덜 느끼는 호칭 방법이다.

셋째, 친소 관계에 따라서 다른 호칭 방법을 사용하는 것도 지양해야 한다. 대표적인 예로 친한 사람에게는 '나다 님'처럼 성 없이 호칭하고 친하지 않은 사람에게는 '가나다 님'이라고 호칭해서는 안 된다. 이는 호칭을 통해 관계에 차등이 있음을 암시하게 되어 조직 문화 개선에 걸림돌이 될 수 있다. 만일 상급자가 같은 공간에서 일하는 두 하급자 '가나다'와 '마바사'에 대해 한쪽은 '가나다 님'으로, 다른 한쪽은 '바사 님'으로 부른다면 어떨까? 서로 달리 불리는 두 사람은 상급자에게 같은 관계로 인식되고 있지 않음을 호칭을 통해 확인받게 됨으로써 한 사람은 차별 대우를 받았다고 생각하게 될 것이다.

넷째, 새로운 말이 입에 오르려면 시간이 필요하다는 것도 잊지 말아야 한다. 몇 번 하다가 익숙하지 않다고 투덜댄다면 그것은 입에 익지 않아서가 아니다. 더 깊숙이 내려가 보면 그 변화의 방향에 동의하지 않기 때문이다. 언어는 쓰면 쓸수록 익숙해지고, 쓰다 보면 입에 붙는다. 처음에는 좀 불편할 수 있으나 감내할 만한 충분한 가치가 있다고 믿으면, 결국 그 불편함을 참아낼 수 있다. 직장 내 호칭 통일의 의미와 가치를 충분히 이해한다면 그 불편함을 감수하고 변화를 위해 노력할 것이고 그렇지 않다면 불평과 불만을 통해 호칭 통일의 가치를 폄

훼하려 할 것이다. 이것이 무서운 진실이다.

그럼 이제 끝으로 가장 중요한 질문에 답해야 한다. 과연 말의 변화가 직장 문화의 변화를 가져올 수 있을까?

많이들 궁금해한다. 시행을 고민하는 사람부터 시행의 혼란 속에 놓여 있는 사람까지.

물론 말의 변화만으로 직장 문화가 변화할 수는 없다. 하지만 말의 변화 없이 직장 문화의 변화는 이루어지지 않는다. 언어를 바꾸는 이유는 문화를 바꾸기 위해서다. 말은 문화를 반영하고 문화는 말에 반영된다. 존중의 언어는 존중의 문화를, 존중의 문화는 다시 존중의 언어를 낳는다. 수직적이고 권위주의적인 직장 문화가 청산의 대상임을 분명히 깨달았다면, 그래서 이제부터라도 수평적이고 유연한 직장 문화를 만들고자 한다면, 수직적이고 권위주의적인 생각을 담은 언어부터 청산해야 한다. 그리고 수평적이고 유연한 직장 문화를 만들어 갈 수 있는 언어의 새로고침이 반드시 필요하다.

'너' 대신 쓰이는 말 '자기야'

한 예능 프로그램에서 진행자가 다른 진행자에게 '자기야'라는 호칭어를 사용해서 화제가 된 적이 있다. 연기자인 초대 손님이 출연해서 선배 연기자가 자신의 연기를 보고 '자기 너무 좋다'고 해 준 말이 큰 격려가 되었다는 내용이었다. 이 말을 들은 주 진행자가 보조 진행자를 향해 '자기 너무 안 좋다'고 말하면서 웃음을 주었고 그 이후 두 사람은 서로를 '자기' 혹은 '자기야'라고 부르며 익살을 부렸다. '자기야' 호칭어는 그날 이후로 두 진행자를 특징 짓는 호칭어가 되었다.

원래 3인칭 대명사였던 '자기'는 연인이나 부부 사이에서 쓰이다가 동성의 여성 간, 그리고 동성의 남성 간으로 영역을 확대하여 쓰이게 되었다.[18] 연인 혹은 부부 사이에서 '자기'가 2인칭 대명사로 사용되고 있다는 사실은 1970년대 신문 기사에서 확인된다. 한 기사에서 기고자인 작가는 '60년대의 공용어가 '여보'였다면 70년대의 공용어는 분명히 '자기'이다'라며 '자기'라는 호칭어를 70년대를 특징짓는 말이라고 보았다.[19] 또 다른 기사에서는 텔레비전 드라마에서 중년 부인이 남편을 '자기'라고 부르는 장면이 수없이 반복되어 꼴불견이라는 내용도 만날 수 있다.[20]

이 2인칭 대명사는 반말이 자연스러운 상대를 '너'나 '누구야'라고 부르기 부담스럽고 껄끄러운데 마땅히 부를 호칭어가 없거나 '누구 씨'라고 부르면 너무 거리감을 표현한다고 생각되는 상대에게 사용된다. 그래서 화자의 연령이 청자와 같거나 많은 경우 사용되는 경향이 발견되며, 상대의 '선배'라는 호칭어에 대응하여 사용되는 경우가 많다. 앞서 얘기한 선배 여성 배우가 후배 여성 배우를 '자기'라고 불렀던 것처럼 말이다. 물론, 이 경우 후배 여성 배우가 선배 여성 배우에게 '자기'라는 호칭어를 사용할 수 없다.

보통은 화청자 사이에 연령 차이가 크지 않을 때 사용하는 것이 일반적이지만 연령 차이가 제법 나는 경우에도 화자가 청자를 다정하고 가까이 부르고자 한다면 사용된다. 일반적으로 이성 간에는 연인이나 부부가 아니면 잘 사용되지 않는 것이 특징이다. 오해를 살 수 있기 때문으로 보인다. 물론, 아주 관찰이 안 되는 것은 아니다. 이런 경우는 사회적 통념상 둘이 연인 관계라고는 전혀 오해할 수 없는 사이에 간혹 사용된다. 예를 들어 나이가 많은 여성 선배가 어린 남성 후배에게 사용하는 식이다.

3인칭 대명사가 2인칭 대명사로 변화하고 연인 간에서 동성 간으로 그 영역을 확대하여 사용하는 이와 같은 양상은, 언어 사용자들이 필요성을 느끼는 말이 생겼을 때 기존의 말을 어떻게 활용하는지를 보여 준다. '너'라고 부를 만큼의 친밀감을 가진 상대이지만 그렇다고 '너'를 사용하기에는 하대하는 것 같아 껄끄러워 '너' 말고 다른 말이 필요했다. 마침 그런 상대를 지칭하던 3인칭 대명사 '자기'가 있었고 그 '자기'를 2인칭 대명사로 바꿔 사용하게 된 것이다.

새로운 말의 등장, 혹은 새로운 용법의 확대는 사용자들의 표현 욕구를 드러낸다. 언어 사용자들의 표현 욕구가 왜 생기는지 그렇게 생긴 표현 욕구가 어떤 표현을 어떻게 만들어 내는지를 들여다보면 우리 사회가 보인다. 그래서 언어는 인간의 모든 것에 대한 모든 것이다.

'○○○ 님'이 호칭어가 되기까지

병원에 가면 접수를 하고 이름이 호명될 때까지 기다린다. '신지영 님' 하고 이름이 불리면 진료실로 들어간다. 병원은 언제부턴가 내원자들을 이름에 '님'을 붙여 부르기 시작했다. 사실 이름에 '님'을 붙인 호칭어가 우리 귀에 익숙해지기 시작한 것은 그리 오래되지 않았다.

처음 이 호명을 듣고 무척 낯설었던 기억이 생생하다. 정확한 시

기는 기억나지 않지만 1980년 전후 정도였고, 텔레비전에서 미스
코리아 선발대회를 생중계하고 있었다. 그런데 진행자가 심사위원
들을 소개하면서 소설가 ○○○ 님, 영화배우 ○○○ 님, 의학박사
○○○ 님이라고 하는 게 아닌가! 이름에 '님'을 붙여 말하는 것이
너무 생경하고 이상해 뇌리에 강렬히 남았다.

'님' 호칭은 언제부터 시작되었을까

호칭 문제에 관심을 갖게 되면서 그 기억이 떠올랐다. 그리고 미
스코리아 선발대회의 심사위원 소개를 언제부터 그렇게 했는지를
알아보기 위해 인터넷을 뒤졌다. 현재 인터넷에서 심사위원 소개
영상을 확인할 수 있는 가장 오래된 자료는 1985년 방송분이었다.
이외에도 1980년대 자료로는 1986년, 1988년, 1989년 방송분을
찾을 수 있었다. 이 중에서 이름 뒤에 '님'을 붙여 심사위원을 소
개하는 것은 1986년과 1988년 두 자료였다. 1985년과 1989년 방
송분에서는 '님' 호칭을 사용하지 않았다. 직업이나 직함이 호칭이
되는 경우에는 해당 호칭을, 그렇지 않은 경우에는 이름 다음에
'씨'를 붙이고 있었다.

비슷한 시기인데 왜 호명 방법이 연도에 따라 다른지 그 이유는
알기 어렵다. 공교롭게도 짝수년과 홀수년으로 호명 방법이 갈리
는데, 진행자들의 소속으로 미루어 짐작건대 짝수년에는 MBC가,
홀수년에는 KBS가 주관하는 방송인 듯했다. 방송사별로 원칙이

달랐던 것이 아닌가 추측해 볼 뿐이다.

하지만 심사위원 호칭에 'ㅇㅇㅇ 님'을 쓰게 된 배경은 어느 정도 이해가 간다. 심사위원들의 직업과 배경이 다양해서 호칭을 해야 하는 사람 입장에서는 매우 고민이 되었을 것이기 때문이다. 어떤 사람은 'ㅇㅇㅇ 사장' 혹은 'ㅇㅇㅇ 박사'라고 부르고 어떤 사람은 'ㅇㅇㅇ 씨'라고 부르는 것이 조심스럽고 내키지 않았을 수도 있다. 그래서 고안한 것이 그 사람의 직업이나 직함 등을 이름 앞에 소개하고 호칭은 모두 동일하게 이름에 '님'을 붙이는 방법이었을 것이다. 이 자료들을 통해 님 호칭법이 80년대를 지나면서 확산되지 않았을까 추측해 본다.

'님' 호칭이 일상화되기까지

그런데 문헌을 뒤져 보면 'ㅇㅇㅇ 님' 호칭은 꽤 오래전부터 용례가 확인된다. 해당 호칭이 얼마나 널리 퍼졌는지는 가늠할 수 없지만 1933년 최현배가 한글학회의 기관지인 『한글』 제9호에 기고한 글의 제목에서도 용례를 찾을 수 있다. '박승빈 님의 주장은 과연 종래 관용에 가까운 평이한 것인가?'가 그것이다. 그 이후에도 『한글』지의 제목과 본문 혹은 휘보에서 이와 같은 용례가 드물지 않게 확인된다. 또한, 외솔회가 펴낸 정기간행물인 『나라사랑』에도 '님' 호칭법이 자주 등장한다. 일례로 1980년 김두종이 이 잡지에 쓴 글의 제목이 '외솔 최현배 님의 10주기를 추모하면서'였다. 기독

교계에서도 '님' 호칭을 사용한 흔적이 글에 남아 있다. 『기독교사상』 1972년 9월호에 실린 문익환 목사의 글 제목이 '손영진 님께' 였다.

신문 기사에서도 '아무개 님' 호칭법과 관련한 내용을 확인할 수 있다. 1976년 1월 17일 자 조선일보에는 언어 예절에 대한 한 교수의 글이 실려 있다. 그 글에서 필자는 방송에서 사회자가 원로 가수를 '아무개 선생님'으로 칭하는 것에 대해 문제를 제기하면서 '아무개 님' 정도가 좋지 않겠냐고 제안한다. 또, 1983년 1월 19일 자 조선일보에는 한 기업이 조사한 호칭 관련 설문 조사 결과가 실려 있다. 해당 기사는 남자들에게 적당하다고 생각하는 호칭 중에 'ㅇㅇㅇ 님'이 17%의 응답 비율을 보인 것을 소개하고 있다.

이러한 '님'의 사용은 1940년 출간된 문세영의 《수정 증보 조선어사전》에서도 확인된다. 이 사전에 '님'은 '남의 성명 또는 어떠한 명사에 붙이어 존경의 뜻을 표하는 말'로 풀이되어 있다. 한편, 이러한 풀이는 1999년에 출간된 《표준국어대사전》에도 그대로 이어진다. 《표준국어대사전》에는 '님'이 '그 사람을 높여 이르는 말. '씨' 보다 높임의 뜻을 나타낸다'라는 풀이와 함께 '주시경 님', '홍길동 님', '길동 님', '홍 님'의 용례가 실려 있다.

하지만 과거에 'ㅇㅇㅇ 님' 호칭은 지금보다는 훨씬 제한적으로 사용되었다. 그렇다면 'ㅇㅇㅇ 님' 호칭이 지금처럼 널리 사용되기 시작한 것은 언제부터일까?

1990년대부터로 보인다. 1990년 통장에 이미 등장한 예금주 이름 다음의 '님'은 세력을 얻으면서 이전에 사용했던 '귀하'를 퇴출시켰다. 그리고 이 시기 병원과 은행 창구에서 손님을 부르는 호칭은 '이름+님'으로 일반화되기 시작한다. 그 일반화에는 PC 통신의 역할이 컸을 것으로 추측된다. '이름+씨'의 존칭성이 약화되면서 일부에서 사용되어 오던 '이름+님' 호칭이 통신 환경을 통해 퍼지고 일반화되면서 일상생활로도 옮겨 왔을 가능성이 높다.

이렇게 통신 언어로 널리 쓰이기 시작한 'ㅇㅇㅇ 님' 호칭은 일상 언어에도 영향을 주어 'ㅇㅇㅇ 님'에 대한 거부감을 완화시킨 것으로 보인다. 기업의 호칭 통일이 'ㅇㅇㅇ 님'으로 이루어지게 된 것은 바로 이러한 배경을 깔고 있을 것으로 추측된다.

*6장

불통의 아이콘,
고답이 톺아보기

"내가 고답이일리 없잖아"

고구마에게는 정말 미안하지만 몇 년 전부터 '고구마'는 답답함의 대명사가 되었다. 퍽퍽한 고구마를 먹다가 목메어 본 적이 있는 사람이라면 누구나 공감할 것이다.

그렇다면 우리는 언제 이런 답답함을 느낄까?

사람들은 대체로 소통이 잘 이루어지지 않는 상황을 지켜보거나 그런 상황에 직면했을 때 고구마를 떠올린다. 관찰자 시점에서 소통이 자꾸 어긋나는 관계를 보면서도 고구마 같다고 말한다. 드라마에서 어떤 등장인물을 보고 고구마를 물 없이 먹는 답답한 기분을 누구나 한 번쯤 느껴 보았을 것이다.

이런 답답함을 유발하는 사람들을 일컫는 말이 2010년대 초반부터 만들어져 퍼지기 시작했다. 심지어 2015년부터는 기사에도 이 단어가 보이기 시작한다. 바로 '고답이'라는 말이다. 고답이란 '고구마 답답이'의 준말로, '고구마 100개를 물 없이 먹는 기분을 유발하는 사람'을 의미한다. 일상에서 만나는 불통의 아이콘을 한마디로 표현하고자 하는 욕망이 '고답이'라는 새말을 만들어 낸 것이다. 도대체 얼마나 답답했으면 고구마를 1개도 아니고 100개나 물 없이 먹는 기분을 유발하는 사람을 일컫는 단어를 만들어 냈을까? 상상만으로도 목이 메어 나도 모르게 가슴을 치게 된다.

불통의 상황은 기본적으로 사람을 답답하게 만든다. 하지만 모든 불통의 상황에서 고구마 100개를 물 없이 먹는 것 같은 극심한 답답함을 느끼지는 않는다. 그렇다면 구체적으로 어떤 불통의 상황이 우리에게 이런 극도의 답답함을 느끼게 할까?

먼저 답답함을 유발하는 고답이의 유형부터 살펴보자.

고답이의 네 가지 유형

'고답이'라는 이름표가 붙는 사람은 크게 네 가지 유형으로 나누어 볼 수 있다.

첫 번째 유형은 자기표현을 제대로 하지 못하고 망설이다가 소통의 기회를 놓치는 사람이다. 두 번째 유형은 의도적으로 소통을 회피하여 불통을 유발하는 사람이다. 세 번째 유형은 쌍방향적 소통의 틈을 전혀 허용하지 않는, 일방통행식 소통을 하는 사람이다. 그리고 마지막 네 번째 유형은 상대의 표현에 별다른 문제가 없는데도 상대가 하는 말을 제대로 알아듣지 못하는 사람이다.

이 네 가지 유형에 속하는 사람들은 모두 소통이 필요한 상황을 불통과 먹통의 상황으로 만들어 버린다는 공통점이 있다. 많은 사람이 이런 상황에 극도의 답답함을 느끼게 된다. 그리고 이런 답답함을 유발하는 사람들은 우리에게 '고답이'가 된다.

결국 고답이는 불통의 아이콘을 한마디로 표현하는 말이라고 할 수 있다. 사람들의 말 만드는 능력이 놀라울 뿐이다. '고답이'라는 새말은 고답이를 만난 상황에 놓인 사람에게 그런 유형의 사람들을 하나로 묶어서 표현할 수 있는 단어를 만들어 주었다는 점에서 속을 뻥 뚫어 주는 '사이다' 같은 단어다.

'고답이'라는 말에 여러분의 머릿속에는 실존하는 고답이가 떠올랐을 것이다. 만약 그 고답이가 빈번하게 소통해야만 하는 사람이라면 여러분은 지금 힘든 시간을 보내고 있을 것이다. 그래도 가족이나 친구라면 화도 내고 소리도 지르는 등 감정을 표출할 수 있지만 일터에서 만나는 사람이라면 답답함을 혼자 삭혀야만 할 것이다. 특히 조직 내에서 자주 접촉해야만 하는 상사나 동료 혹은 하급자 중에 피할 수 없는 고답이가 있다면 여러분의 직장 생활은 즐거울 수 없다. 어쩌면 심각하게 이직을 고민할지도 모른다.

그럼 어떻게 해야 할까? 고답이에 대처하는 현명한 방법은 없을까?

일터에서 괴로움을 주는 고답이

앞서 언급한 네 가지 유형 중에서 일터에서 나를 답답하게 만드는 고답이는 특히 세 번째와 네 번째다. 즉 일방통행식 소통을 하는 유형과 상대가 하는 말을 제대로 알아듣지 못하는 유형이다. 일터의 고답이에게 제대로 대처하려면 이 두 유형에 대한 정확한 파악이 필요하다.

먼저 일방통행식 소통을 하는 고답이부터 알아보자. 이 고답이는 내 말이 들어갈 틈이 전혀 보이지 않는다. 우리가 오래 전부터 '꼰대'라는 속어로 불러 왔던 사람들과 궤를 같이한다. 한편, 내 말을 전혀 이해하지 못하는 고답이는 내가 무슨 말을 하는지 도대체 듣기는 했는지 의심이 갈 만큼 내 말의 취지를 전혀 이해하지 못한다. 더 심각한 것은 엉뚱하게 자기식대로 이해해서 불통을 넘어 왜곡과 변조가 일어난다는 것이다.

두 유형 모두 우리에게는 분명히 '고답이'다. 두 유형 중에 누가 더 내게 고답이인지 우열을 가려 보라고 한다면 여러분은 정말 곤란할 것이다. 마치 중국집에 가서 짜장면을 시킬까 짬뽕을 시킬까 선택할 때만큼, 아니 부모님을 앞에 두고 '엄마가 좋아, 아빠가 좋아?'에 답해야 할 때만큼 고민스러울 것이다.

언어감수성은 내가 고답이가 아닌지 살피는 것

그런데 여기서 한 가지 꼭 생각해 보아야 할 점이 있다.

누구에게나 고답이는 존재하는데, 누구도 자기 자신이 고답이라고 생각하지는 않는다는 점이다. 누구의 글에서도, 누구의 말에서도 자신이 특정인에게 고답이가 되고 있다는 이야기는 찾아볼 수 없다. 여러분의 머릿속에 떠오른 고답이도 예외 없이 타인일 것이다. 이렇게 고답이는 언제나 나에게 답답함을 유발하는 타인으로만 존재할 뿐이다.

우리는 정말 너무나 이상하게도 나 자신은 누군가에게 고답이일 리가 없다고 믿는 경향이 있다. 자신이 누군가에게 고답이일 가능성이 있다는 사실에 대해서는 전혀 생각하지 않는 것 같다. 남들은 나를 답답하게 하지만 자신은 누군가를 답답하게 할 리가 없다는, 근거를 찾을 수 없는 믿음을 가지고 있는 것이다.

고답이는 넘쳐 나는데 모두들 자신은 고답이가 아니라고 생각하니 과연 고답이는 누구란 말인가? 조금만 생각해 보아도 말이 안 되는 이런 믿음을, 우리는 어떻게 모두가 집단적으로 가지고 있는 것일까?

어쩌면 우리가 이런 생각을 갖는 것은 당연한 일일 수도 있다. 나는 언제나 나의 맥락 속에 존재하는 터라 내가 나에게 이해를 구할 필요가 없다. 즉, 내가 하는 말은 내게 너무나 잘 이해가 된다. 이렇게 잘 이해되는 내 말을 상대가 이해하지 못할 리 없다. 같은 이유로 나와 대화 중인 사람도 자신의 말이 자신의 맥락 속에서는 너무나 잘 이해가 될 테니 자신이 상대에게 고답이가 될 거라고는 꿈에도 생각하지 못할 것이다.

그런데 문제는 소통이란 일반적으로 내가 나와 하는 게 아니라 내가 남과 하는 것이라는 데 있다. 결국, 언어감수성은 내가 혹시 남에게 고답이는 아닌지를 성찰하는 과정을 통해 얻어진다. 내게는 너무나 잘 통하는 나. 하지만 남에게 혹시 고답이는 아닌지 뒤돌아 살피는 것이 바로 언어감수성 훈련의 시작이 되는 이유다.

일터에서 만나는 고답이의 유형도 파악했고, 왜 고답이는 늘

타인으로만 존재하는지도 알았으니 이제 고답이를 만나 소통
이 잘 이루어지지 않는 답답한 상황을 현명하게 대처하는 방법
에 대해 생각해 볼 차례다.

그럼 이제 일명 '고답이 대처법'을 구체적으로 알아보자.

불통 상황을 극복하고
성장하려면

자신의 잘못이나 부족함을 인정하지 않는 태도는 불통에 아주 중요한 원인으로 작용한다. 이런 태도는 불필요한 고집을 부른다. 논리가 달릴수록 고집은 세진다. 불통의 상황에서 감정적 반응이 드러나는 이유다.

감정적 반응은 다양하다. 못난 상급자의 가장 일반적인 반응은 화를 내는 것이다. 화를 냄으로써 문제를 자신의 탓에서 화나게 한 상대의 탓으로 돌릴 수 있기 때문이다. 하급자들은 화를 낼 수 없으니 더 다양한 반응을 보인다. 입을 닫고 뚱한 표정을 지으며 소극적으로 골을 부리거나 상급자의 말을 이해하지 못하겠다는 듯한 표정을 지으며 기 싸움을 걸기도 하고 심지어 울기도 한다. 우는 것 또한 자신을 울게 한 상대에게 문제를 전가시키는 방법이다.

특히 하급자들은 자신이 오래 고민했다고 생각하는 것, 공을 들였다고 생각하는 것, 잘했다고 생각하는 것, 자부심을 느낀 것,

칭찬을 들을 줄 알았던 것에 상급자가 의문을 던지거나 문제점을 지적하면 더더욱 방어적인 자세를 취한다.

학교에서도 마찬가지다. 처음에는 학생들의 이런 태도를 이해하기 어려웠다. 왜 지도교수인 내게조차도 자신의 잘못이나 부족함을 받아들이고 인정하려 하지 않는 것일까? 아니, 인정하기가 어려운 것일까? 관찰과 다면적 인터뷰를 통해 이런 태도의 이유가 '평가'를 받는다는 생각 때문임을 알게 되었다. 좋은 평가를 받기 위해서는 좋은 모습만 보여야 하는데 부족함을 인정하면 나쁜 평가를 받을까 봐 바로 인정하기가 어려웠던 것이다. 그런데 바로 인정을 하지 않으면 때를 놓치게 되어 인정을 하기가 점점 더 어려워진다.

우리나라의 교육 환경에서는 배우는 것을 평가받는 일이라고 잘못 생각하기 쉽다. 일터에서도 학교에서도 배우는 것을 성장이 아니라 평가라고 생각하다 보니 상사나 교수에게 좋은 모습, 완전한 모습만 보이고 싶어 한다. 그러다 보니 상사가 지적이나 조언을 하면 나쁜 평가를 받는 것이라고 잘못 생각하고 당황스러워하면서 방어기제를 발동한다. 하지만 지적이나 조언을 통해 성장하는 기쁨을 느껴 본다면 상사의 지적이나 조언이 애정과 격려로 느껴질 것이고 부족함을 보완하여 더욱 성장하게 될 것이다.

이런 경험을 하기 위해서는 우선 나를 성장시켜 줄 수 있는 믿을 만한 멘토를 찾는 것이 중요하다. 믿고 따를 수 있는 사람을 멘토로 삼아서 그 멘토를 믿고 지도를 받으며 성장하는 좋은 경험을 하는 것이 자산이 되어 성장의 공식을 깨달을 수 있기 때문이다.

말이 통하지 않는 사람을 상대하는
현명한 방법

만약 누군가와 이야기를 하다가 '혹시 이 사람 고답이가 아닐까' 하는 생각이 들면 가장 먼저 해야 할 일은 그가 어떤 유형의 고답이인가를 파악하는 것이다.

앞서 이야기한 대로 우리가 파악해 두어야 하는 고답이 유형은 크게 두 가지다. 첫 번째 유형은 내 말이 들어갈 틈이 전혀 보이지 않는 유형이다. 이 유형을 '반사형 고답이'라고 이름붙여 보자. 두 번째 유형은 내 말이 머물지 않고 그냥 투과해서 자취도 없이 사라지는 유형이다. 이 유형의 이름은 '투과형 고답이'라고 정해 보자. 내가 상대하고 있는 고답이가 어떤 유형인지 파악하기 위해, 이제 각 유형의 특징을 확인할 차례다.

반사형 고답이 vs. 투과형 고답이

반사형 고답이는 대체로 상급자인 경우가 많다. '꼰대'나 '답정너(답은 정해져 있고 너는 대답만 하면 돼)'라는 별명을 함께 가지고 있을 가능성이 높다. 반사형 고답이와 이야기를 하면 내 말이 모두 그냥 튕겨 나오는 느낌이 든다. 그리고 나는 그와 이야기하는 내내 '아니요, 그게 아니라요'를 계속 외치며 변명 아닌 변명을 늘어놓게 된다. 만약 내가 상대의 이야기에 계속 '아니요'라는 말로 대응하면서 그를 이해시키기 위해 내 생각을 피력하고 있다면, 그는 반사형 고답이일 가능성이 높다.

반면에 투과형 고답이는 대체로 하급자인 경우가 많다. 투과형 고답이와 이야기를 하면 그에게 내 말이 전혀 남아 있지 않는 듯해서 내가 왜 말을 하고 있나 싶은 생각에 마음이 헛헛해진다. 내 말의 취지를 전혀 이해하지 못하는 것은 둘째 치고, 정말 심각한 문제는 내 앞에서 이해한 척 고개를 끄덕이다가 돌아서서는 완전히 엉뚱하게 자기식대로 해석해서 일을 망쳐 놓을 가능성이 다분하다는 것이다. 일 자체를 망쳐 버리게 하는 아주 위험한 존재가 될 수도 있다. 만약 내가 상대와 이야기를 하면서 똑같은 말을 반복하느라 진땀을 흘리고 있다면 그는 투과형 고답이일 확률이 높다.

그런데 유형을 파악한 후에 반드시 해야 하는 작업이 있다. 내가 상대에게 반대 유형의 고답이가 되고 있는 것은 아닌지 성찰하는 것이다. 즉, 상대가 반사형이라면 내가 혹시 그에게 투과형은 아닐까, 또 상대가 투과형이라면 내가 혹시 그에게 반사형은 아닐까 생각해 볼 필요가 있다. 이런 답답함을 유발하는 원인이 상대가 아니라 나에게 있을 수도 있기 때문이다. 그 원인이 누구에게 있든 간에 내 반응이 변해야만 상호작용의 패턴이 달라지면서 개선의 실마리가 생긴다.

진지한 자기 성찰을 마쳤다면 이제 진정한 변화를 위해 내 반응을 바꿔 볼 차례다.

상대의 생각을 인정하라 – 반사형 대처법

우선 상대가 반사형인 경우부터 생각해 보자. 상대가 반사형이라면 내 말의 시작은 '아니요, 그게 아니라요'가 될 가능성이 높다. 그리고 그 말을 들은 상대는 똑같은 말을 반복할 가능성이 높다. 한쪽은 같은 말을 반복하고 한쪽은 그게 아니라고 하는 무한궤도를 달리게 된다. 정말 서로 너무 답답해진다. 이 무한궤도를 탈출하는 방법은 둘 중 하나가 바뀌는 것인데, 상대에게 바꿀 것을 요구할 수도 없고 상대는 전혀 바꿀 기미를 보이지 않는 상황에서 내가 할 수 있는 일은 내가 바꾸는 방법뿐이다.

얄팍한 자존심을 버리고 '그렇게 생각할 수도 있겠네요'라는 말로 시작해 보자. 상대가 틀린 만큼 나도 틀릴 수 있고 서로 다른 생각을 할 수 있다고 내가 먼저 인정해 보는 것이다. 이때 만약 영혼 없이 말하면 자신도 모르게 비꼬는 말투가 되어 오히려 상대를 불쾌하게 만들 수 있다. 어렵지만 다름을 인정하는 진심을 담아야 한다.

그리고 지금 이야기하고 있는 상황을 이성적으로 판단해야 한다. 상대의 생각을 꼭 바꿔야만 하는 상황인지, 바꿔도 그만 안 바꿔도 그만인 상황인지 말이다. 상대의 생각을 바꾸지 않아도 되는 상황, 즉 서로의 주관적인 생각이나 주장을 이야기하는 상황이라면 억지로 바꾸려 하지 않는 것이 좋다. '그렇게 생각할 수도 있겠네요'라고 상대의 생각을 인정해 주면서 내 생각을 이야기하면 그만이다. 둘이 꼭 합의를 볼 필요가 없는 내용이니 상대의 말을 귀여겨들은 다음 내 말을 전한 뒤 대화를 끝내면 된다.

하지만 만약 상대와 생각을 조율해 가야 하는 상황이라면 이야기는 달라진다. 이런 상황이라면 더더욱 상대의 말에 이어지는 내 말이 '아니요, 그게 아니라요'로 시작하는 것은 좋지 않다. 오히려 더 의식적으로 '그렇게 생각할 수도 있겠네요'로 상대의 말을 이어 가야 한다. 어차피 상대가 진짜 심한 반사형 고답이라면 아무리 내가 맞선다 한들 의견 조율은 불가능하다. 그리고 심한 반사형 고답이는 유연하지 못한 특성 때문에 쉽게 화를 내고 골을 부린다. 그렇게 되면 내 기분까지 상하게 될 테니 전혀 득이 없다. 게다가 상대를 화나게 하면 나는 그에게 자신의 기분을 상하게 한, 나쁜 사람까지 되어 버린다. 억울하기 짝이 없는 일이다.

설명을 바꾼 뒤 재차 점검하라 – 투과형 대처법

다음은 상대가 투과형 고답이로 의심되는 경우다. 그렇다면 나는 상대에게 반사형 고답이가 되고 있을지도 모른다. 이 경우 나는 같은 말을 반복하지 말고 말을 바꿔야 한다. 이때도 역시 상황을 잘 판단해야 한다. 반드시 상대가 나의 설명을 이해해야만 하는 상황인지, 이해하면 좋겠지만 꼭 그럴 필요는 없는 상황인지 말이다. 만약 후자라면 애쓸 필요 없이 대화의 주제를 바꾸면 그만이다. '이 사람 내가 반드시 이해시키고 말겠어!'라는 엉뚱한 승부욕을 발휘하는 것은 금물이다.

하지만 반드시 상대가 나의 설명을 이해해야 하는 상황이라면 설명은 하되, 동어반복이 되어서는 곤란하다. 그 말로 이해가 되지 않은 것인데, 같은 말을 똑같이 반복한다 한들 상대가 이해할 리 만무하다. 그러니 나의 설명을 바꿔야만 한다. 설명을 바꾸려면 상대가 나의 말 중에서 무엇을 왜 이해하지 못했는지 파악해야 한다. 또 명심할 것은, 상대가 이해했다고 고개를 끄덕인다고 해서 수긍해서는 안 된다는 점이다. 반드시 자기 입으로 이해한 내용을 말하게 해서 이해 정도를 확인하는 과정을 거쳐야 한다. 만일 이해한 내용이 부족하다면 보완하고 상대가 다시 말하게 해서 재차 점검하는 것이 필요하다.

고답이 대처법은 결국 고답이 탈출법

결국, 고답이 대처법이란 바로 혹시 내가 상대에게 고답이가 되고 있는 것은 아닐까 생각하며 나의 대응을 바꿔 보는 방법으로 국면을 전환하는 것이다. 그것이 가장 현명한 고답이 대처법이 될 것이다.

사실 이것은 동시에 고답이 탈출법이기도 하다.

고답이들은 공통적으로 자신이 절대로 고답이일 리가 없다는 굳은 신념의 소유자들이다. 자신의 문제는 돌아보지 않고 늘 상대가 문제라고만 생각한다. 그러니 혹시 내가 고답이는 아닐까 깊이 성찰하기 시작했다면 그 자체로 이미 나는 더 이상 고답이가 아닐 가능성이 높다. 그리고 고답이에 대처하는 방법을 통해 나는 점점 고답이에서 벗어나게 될 것이다. 고답이 대처법과 탈출법을 익히는 것은 일터뿐 아니라 인생 전반에 걸쳐 슬기로운 소통 생활을 위해 꼭 필요한 만능열쇠가 되어 줄 것이다.

상급자와 하급자의
효율적인 소통법 '바로바로'

교수에게 가장 좋은 대학원생과 나쁜 대학원생이 같은 특성을 보이듯, 상급자에게도 가장 일하기 좋은 하급자와 나쁜 하급자는 같은 특성을 보이지 않을까 한다. 교수에게 가장 좋은 대학원생은 학위를 스스로 알아서 다 마치는 학생이다. 한 번도 보이지 않다가 졸업할 즈음에 완벽한 논문을 들고 짠 나타나서 심사를 받고 졸업하는 학생 말이다. 가장 나쁜 대학원생 또한 졸업 전까지 한 번도 나타나지 않는 것은 같다. 하지만 졸업을 할 때 즈음 수습할 수 없는 지경의 논문을 들고 나타나서는 졸업을 해야 한다고 협박 아닌 협박을 한다.

조직에서 하급자도 마찬가지일 것이다. 가장 좋은 하급자는 일을 마쳐야 할 즈음에 멋진 결과를 가지고 짠 하고 나타나는 사람일 테고, 가장 나쁜 하급자는 아무런 중간 보고를 하지 않고 있다가 마감을 코앞에 두고 손을 쓸 수 없는 지경의 결과물을 들고 나타나는 사람일 테다.

사실 이렇게 좋은 대학원생 혹은 하급자만 있다면 교수나 상급자는 존재할 이유가 없다. 논문을 쓰는 과정, 일을 하는 과정에서 교수나 상급자와 전혀 소통하지 않고도 완벽한 결과를 내니 말이다. 하지만 우리가 일상에서 만나는 대학원생이나 하급자는 교수나 상급자와의 소통이 꼭 필요하다. 자신이 어떤 길을 가고 있는지 가다가 어떤 문제를 만났는지 그 문제를 해결하기 위해 어떤 노력을 하고 있는지를 중간중간 보고하는 것은 매우 중요하다. 특히, 이전 보고 내용과 달라진 상황이 생기면 바로 확인하는 절차를 거쳐야 한다.

예를 들어 학교의 경우 지난 회의에서는 A라는 방법론을 이용하기로 했는데 문제가 발견되어 다른 방법론을 알아봐야 한다면 그 즉시 지도교수와 소통해서 자신이 발견한 문제가 맞는지를 확인해야 한다. 그리고 다른 방법론에는 어떤 것이 있는지 의견을 듣고 방향을 상의하여 다음 단계로 나아가야 한다. 지도교수가 요구하든 요구하지 않든 자신이 무엇을 하고 있는지 연구와 관련한 내용을 보고하는 것이 자신의 성공적인 연구를 위해서도 꼭 필요하다.

이는 조직의 경우에도 마찬가지일 것이다. 조직의 경우는 특히 팀으로 하는 일이 많은 만큼, 팀 전체의 진척 상황이 파악될 수 있도록 서로 정보를 공유하고 문제의 상황을 함께 해결할 수 있도록 기회를 확보해야 한다. 문제를 숨기고 혼자 끙끙대다가 그 기회를 잃는 것은 전체를 망치는 일이 된다.

　모든 상급자들은 이구동성 말한다. 문제를 해결할 수 있을 때 문제를 들고 오라고. 하지만 모든 하급자들은 생각한다. 더 나은 결과를 들고 상급자에게 가겠다고. 상급자의 칭찬을 받고 싶지 핀잔이나 지적을 듣고 싶지는 않기 때문이다. 하지만 상급자가 내가 한 일에 늘 칭찬만 한다면 나는 그 조직에 있어서는 안 된다. 나의 문제점을 지적하고 보완하여 나를 더 키워 줄 수 있는 상급자를 찾아 나서야 한다.

소통 도구 활용하기
– 대면, 전화, 문자, 이메일

일을 하다 보면 소통의 방법이 다양해진 만큼, 언제 어떤 방법을 택해야 하는지 고민이 되는 경우가 많다. 또, 가끔은 상대가 선택한 소통의 방법 때문에 불편해지거나 마음이 상하는 경우도 생긴다. 물론, 정답은 없겠지만 선택 시 고려 사항에는 어떤 것들이 있을까.

우선, 우리가 선택할 수 있는 가장 일방적인 소통 방법을 대상으로 어떤 것을 언제 왜 사용하는 것이 좋은지 생각해 보자. 가장 일반적인 소통 방법은 네 가지로, 대면 소통, 음성 통화, 문자 메시지, 그리고 이메일이다.

대면 소통이란 직접 만나서 소통하는 방법이다. 상대에게 즉각적으로 반응을 해야 하고 나에 대한 많은 정보가 노출되는 만큼 가장 부담스러울 수 있으나, 다차원적이고 다면적인 정보가 오갈 수 있어서 잘 활용하면 오해를 줄이고 효율적인 소통을 할 수 있다. 다음은 음성 통화다. 청각에만 의존하여 정보를 전달해야 하는 만큼 대면 소통보다 어려울 수 있지만, 동시에 시각적 정보가 제한되는 만큼 상대에게 노출되는 정보가 적다는 장점도 있다.

문자 메시지는 최근 들어 일과 삶에서 가장 많이 사용하는 방법이다. 문자 소통은 서로의 상황 맥락을 알기 어려운 상황에서 문자를 매개로 이루어지기 때문에 오해를 불러일으킬 수 있는 위험이 있음을 반드시 고려해야 한다. 문자 메시지는 주로 구어체로 작성되며 구어체는 특성상 상대와 공유했다고 생각되는 정보가 대폭 생략된다. 또한, 문자에는 말투가 드러나지 않아서 그것을 읽는 사람이 어떤 투로 읽는가에 따라 오해가 생길 수도 있다.

이메일은 실시간성은 떨어지지만 갖추어진 글의 형식으로 소통하게 되는 만큼, 문자 메시지에 비해 훨씬 풍부한 정보를 오해 없이 전달할 수 있다. 하지만 작성에 공이 더 들고 상대가 언제 읽을지 모르기 때문에 즉각적으로 답을 얻어야 하거나 반드시 답을 얻어야 하는 경우에 이 방법에만 의존하는 것은 바람직하지 않다. 또한, 전달되지 않고 사라지거나 스팸메일로 분류되어 상대가 읽지 못하는 등의 문제가 생기기도 한다.

각 소통 방법의 특징을 파악한 만큼, 언제 어떤 방법을 사용할지 결정하기가 조금은 쉬워졌으리라 생각한다. 마감이 며칠 남지 않았는데 이메일만 보내고 그저 답장을 기다리는 것은 일을 그르칠 수 있다. 급하고 중요한 일이라면 내용을 충분히 설명하는 이메일을 보내면서 문자 메시지를 통해 주요 내용을 요약하여 보내거나 전화를 걸거나 대면하여 상황을 설명하는 것이 좋다.

문자 메시지로는 너무 길고 복잡한 내용을 전달하면 안 된다. 문자 메시지는 대체로 흘려 읽는 경향이 있기 때문이다. 또한 문자 메시지는 글말체가 아니라 입말체로 작성하는 만큼, 두 가지 점에 유의할 필요가 있다. 내가 작성한 내용을 읽고 상대가 정확히 맥락을 파악할 수 있는가를 확인해야 한다. 내용상 주의를 기울이지 않으면 동상이몽이 될 수 있다. 또한, 상대에게 내 글이 어떤 투로 읽힐지도 고려해야 한다. 특히, 지시하는 내용을 적을 때는 상대에게 너무 고압적인 말투로 읽히지 않도록 고민해서 작성할 필요가 있다.

전화는 쉬운 매체가 아니다. 그래서 사회에 막 진출한 사람들에게 업무와 관련한 전화 통화는 두려움으로 다가오기도 한다. 상사가 전화를 하면 심장이 두근거리고 받기 싫어진다는 사람들이 실제로 많다. 문자는 즉각 반응하지 않아도 되지만 전화에는 즉각 반응해야 하는데 자신이 모르거나 대처하기 힘든 상황이 벌어질까 봐 두렵다는 것이다. 이를 사회적 현상이라고 생각하여 젊은 세대(소위 MZ세대)의 일명 '콜포비아(call phobia)'가 화제가 되기도 했다.

하지만 콜포비아는 '시대'의 문제가 아니라 '세대'의 특성이다. 어떤 시대든 사회에 막 진입하는 세대는 경험 부족으로 낯선 이와의 소통을 어려워하기 마련이다. 물론 요즘 젊은 세대는 사회에 나오기 전까지 이전 세대에 비해 더 좁은 인간관계를 맺고 있어서 낯선 이와의 전화가 더 어려울 수도 있다. 또한 전화 말고도 문자 메시지 등의 더 쉬운 대안이 있는 만큼, 피하게 되어 더 익숙해질 기회가 없었다고 할 수도 있다. 맥락이 제한적인 낯선 이와의 전화 통화는 낯선 이와의 대면 소통보다도 훨씬 더 어려운 과제임에 틀림없다.

어떤 소통 방법을 선택하는 것이 좋냐고 질문한다면 나는 아주 간결하게 원칙을 말해 준다. '소통의 목적을 달성하기 위해 최적의 방법이되, 나에게 가장 부담스러운 방법, 상대에게 가장 덜 부담스러운 방법'을 택하라고 말이다. 예를 들어 해고 통고나 이별 통고를 해야 하는 상황이라면 만나서 하는 것이 가장 좋고 문자를 보내는 것은 가장 최악이다.

*7장

대화가 필요한
당신에게

유쾌한 대화란 어떤 것일까
― 대화의 묘미

한 오찬에 초대되었다. 중요한 일을 마치고 이어진 멋진 공간에서의 점심 식사였다. 큰 원탁에 둘러앉은 사람은 초청자를 포함해 모두 일곱 명이었다. 두 시간 반 동안 이어진 점심 식사 내내 초청자는 끊임없이 혼자 얘기를 했다. 누군가가 다음 일정이 있다고 말하지 않았다면 아마 세 시간은 족히 붙잡혀 있었을 것이다. 누군가의 다음 일정이 이렇게 반가울 수가! 초청자는 아쉬움을 뒤로 하고 모임을 파했고, 그제야 우리는 모두 그로부터 해방될 수 있었다.

흥미로운 것은 그가 선택한 이야기의 소재다. 그가 선택한 이야깃거리는 혼자 오래 말하기에 정말 최적이었다. 60년이라는 긴 시간을 두고 이어진 한 조직의 역사에 대한 이야기였으니 말이다. 게다가 이야기의 요지가 그 역사에서 중요한 역할을 했던 자신의 경험담이어서 다른 사람이 끼어들거나 말을 보태기가 어려웠다.

대화와 강연은 다르다

사실 그의 이야기는 개인의 경험담이긴 했지만 누구나 아는 조직의 역사와 관련된 것이어서 처음 듣는 사람에게는 충분히 흥미를 끌 만했다. 게다가 그 초청자는 말을 재미있게 하는 사람이라 듣기에 많이 지루하지도 않았다. 아마 그 조직의 역사에 대한 강연을 듣는 자리였다면 크게 불만을 느낀 사람은 없었을 것이다. 나름대로 매우 흥미진진했다.

하지만 우리는 초청자의 강연을 듣기 위해 그 자리에 모인 것이 아니었다. 초청자는 자신이 장으로 있는 조직을 위해 열심히 일한 이들에게 감사를 표하고자 그 자리를 마련했다. 하지만 그는 나머지 참석자들을 원치 않는 강연에 초대한 꼴이 되었다. 다른 사람에게 전혀 말할 기회를 주지 않고 마치 강의하듯 혼자 오래 이야기한 건 그날 모임의 취지에 전혀 맞지 않았다.

말을 잘하는 것은 옷을 잘 입는 것과 같다. 상황에 맞지 않으면, 아무리 고급스럽고 자신에게 잘 어울린다고 해도 옷을 잘 입었다고 할 수 없다. 말도 그렇다. 아무리 내용이 좋아도 상황에 적절하지 않다면 잘한 말하기라고 할 수 없다.

좋은 강연은 강연장에서 해야 적절하다. 초청자가 감사를 전하기 위해 마련한 자리에서 초대한 사람들을 대상으로 강연을 한다면 그것은 부적절하다. 아니, 부적절을 넘어 무례한 일이다. 초청자는 참석자 모두가 함께 이야기할 수 있는 화제로 말문을 열어 누구나 대화에 참여할 수 있도록 배려해야 한다. 그것이 바로 초청자에게 요구되는 예의다.

더욱 문제가 될 수 있는 것은 초청자의 이야기가 참석자 모두에게 정말 처음인가 하는 것이다. 그분과의 첫 대면인 나는 그 이야기를 처음 들었지만, 참석자 중 이미 몇 번 초대에 응했던 사람들은 같은 이야기를 또 들었을 가능성이 높다. 혼자 오래 말할 수 있는 소재가 한 사람에게 그리 다양하지 않기 때문이다.

설령 참석자 모두가 처음 듣는 이야기였다 하더라도 초청자의, 혼자 오래 말하는 강연 스타일의 말하기 성향은 그날이나 그 이전이나 크게 다르지 않았을 것이다. 여러 번 초대에 응했던 사람들은 그의 말을 들으며 속으로 '또 강의 시작이네!'라고 생각했을지 모른다. 이런 생각이 들면 그 자리가 유쾌하기 어렵다.

사실 이런 경험은 우리에게 그리 낯설지 않다. 모처럼 사교 모임에 갔는데 혼자 오래 말하는 어느 한 사람 때문에 자리를 먼저 뜨고 싶었던 적이 꽤 있지 않은가. 게다가 그런 사람은 했던 이야기를 또 하고 또 하는 경향이 있어서 몇 번 만나면 대화의 레퍼토리는 동이 나 버려 자리가 금세 지루해진다.

하지만 정작 문제의 주인공은 아랑곳지 않는다. 말하는 것을 보면 기억력이 탁월한 듯도 한데, 자신이 어떤 이야기를 어떤 자리에서 어떤 사람들과 있을 때 했는지는 전혀 기억하지 못하는 것 같아 신기하다. 어쩌면 기억하려 하지 않는 것 같기도 하다. 그걸 기억했다가는 조용히 입을 다물고 앉아 있어야 하는 재앙이 닥칠 수도 있으니 말이다. 그들은 늘 마치 처음 하는 이야기인 듯, 예의상 경청을 가장하고 있는 사람들을 대상으로 자신의 이야기에 스스로 취해서 열정적으로 말을 이어 간다. 시간이 가는 줄도 모르고 말이다.

이런 사람과의 자리를 편하고 즐겁게 여길 사람은 아무도 없을 것이다. 남의 이야기를 듣다 보면 자신도 하고 싶은 이야기가 생기게 마련이고, 그렇게 주거니 받거니 하는 중에 또 다른 화제로 재미가 더해지는 것이 대화의 묘미이니 말이다.

상대를 방청객으로 만드는 사람들

사실 우리가 이렇게 대화를 강연으로 만드는 사람과의 자리를 유쾌하지 않게 생각하는 데는 더 근본적인 이유가 있다. 그 사람 때문에 하고 싶은 말을 못 해서, 관심도 가지 않는 이야기를 마냥 들어야 해서, 전에 들어서 이미 아는 이야기인데 재미있다는 반응까지 보여 줘야 해서 등등 여러 이유가 있겠지만, 더 깊이 들어가 보자. 그 사람이 그 자리에서 내 역할을 부적절하게 설정하고 있음이 그의 말하기 태도를 통해 드러나기 때문이다. 비유하자면 대화를 강연으로 만드는 그를 통해 '출연자가 아닌 방청객으로 동원된 느낌'을 받는다고 할까?

모임에 참석한 사람들은 모두 출연자다. 그런데 한 사람이 발언권을 독점함으로써 혼자 출연자가 되고 나머지 모두를 방청객으로 만들어 버린다. 대화 상대자를 대상화해 버리는 것이다. 방청객은 출연자가 아니다. 출연자에게는 크든 작든 프로그램 안에서 역할이 주어진다. 하지만 방청객은 출연자에게 반응하기 위해 모인 사람일 뿐이다. 방청객에게는 프로그램 안에서의 역할이 주어지지 않는다.

출연자인 줄 알고 갔는데 방청객이 되어 앉아 있다면 유쾌한 기분이 들 사람은 없다. 그런데 어떤 사람과의 모임에서는 늘 방청객 역할이 비자발적으로 주어진다면 어떨까? 게다가 그 내용이 항상 반복되거나 너무나 뻔하다면? 비자발적인 방청객 역할은 더더욱 곤혹스러워진다. 그러니 그런 사람과의 모임은 불가피한 경우가 아니라면 피하고 싶어질 수밖에.

그럼에도 불구하고 그와의 모임에 참석하는 이유는 세 가지 중 하나일 것이다. 어쩔 수 없는 경우이거나 그와의 관계를 통해 얻고자 하는 바가 있거나 그런 그가 불쌍하다는 생각이 들어서. 재미없고 지루한 프로그램임을 뻔히 알면서도 방청객으로 자원하는 이유와 비슷하지 않을까?

대화의 목적은 매우 다양하다. 하지만 대화의 가장 중요한 목적은 관계를 만들어 가고 그 관계의 끈을 튼튼하게 엮어 가는 것이다. 대화가 일방통행이 되는 것은 그래서 부적절하다.

즐거운 대화가 관계의 끈을 튼튼하게 만드는 이유는 대화를 통해 드러나는 서로에 대한 존중의 태도 때문일 것이다. 서로의 존재를 평등하게 인정했을 때에만 대화는 원활하게 오갈 수 있다. 기울어진 대화는 대화 참여자들 사이의 위계를 드러내는 만큼, 즐거운 대화가 되기 어렵다. 즐거운 대화를 나누기 위한 전제 조건은, 우리는 누구나 자신만의 생각이 있고 그 생각은 나눌 만한 가치가 있다는 믿음이다.

생활 속으로

말을 잘하려면
TPO에 맞게

말을 잘한다는 것은 상황에 맞는 적절한 말하기를 한다는 뜻이다. 그것은 마치 옷을 잘 입는 것과 같다. 아무 옷이나 입는다고 옷을 잘 입은 것이 아닌 것처럼, 아무 말이나 한다고 말을 잘했다고 할 수는 없다. '맥락'을 잘 살펴야 한다. 맥락이 존재하지 않는다면 어떤 옷도 어떤 말도 그 적절성을 논할 수 없다.

예를 들어 '이런 말을 하면 안 되나요?'라는 질문은 마치 '수영복을 입으면 안 되나요?'라는 질문처럼 적절한 답을 하기 어렵다. 상황이 주어지지 않는다면 안 되는 옷인지 되는 옷인지를 알 수 없다. 수영복은 수영장에서는 적절한 옷이지만 장례식장에서는 부적절한 옷이기 때문이다. 말 또한 마찬가지다. 상황이 주어지지 않는다면 이렇게 말하는 게 되는지 안 되는지를 알 수 없는 경우가 허다하다.

패션 업계에서 소위 '스타일링'을 조언해 주는 사람들이 자주 하는 말이 있다. 옷을 잘 입기 위해서 TPO를 기억하라는 말이다.

TPO란 영어 time(시간), place(장소), occasion(상황)의 앞 글자를 딴 것이다. 옷을 잘 입는다는 것은 시간과 장소, 그리고 상황에 어울리는 옷을 선택하여 입는 것이라는 뜻이다. 말도 마찬가지다. 말을 잘한다는 것도 시간과 장소, 상황에 맞게 적절한 말을 하는 것이다.

이처럼 옷도 말도 맥락 파악이 매우 중요하다. 맥락을 파악하지 못하면 부적절한 옷을 입게 되어 옷을 못 입는 사람이 된다. 말도 마찬가지다. 맥락 파악을 제대로 하지 못하면 부적절한 말을 하게 되니 말을 못하는 사람이 되어 버린다. 내가 놓인 맥락에 내가 입고 있는 옷이, 혹은 내가 하는 말이 적절한가 적절하지 않은가를 판단할 수 있어야 옷을 잘 입고, 말을 잘할 수 있다.

그리고 또 한 가지 중요한 것이 있다. 바로 옷장의 풍성함이다. 옷장에 내가 입을 수 있는 옷이 풍성하게 갖추어져 있을수록 옷을 잘 입을 수 있는 것처럼, 내가 할 수 있는 말이 다양하게 갖춰져 있어야 말을 잘할 수 있다. 옷장이 빈약하면 옷을 잘 입을 수 없다. 말의 옷장도 마찬가지다.

말의 옷장을 풍성하게 갖추기 위해서는 말의 맥락을 잘 파악할 수 있는 능력을 키워야 한다. 말이 이루어지는 '상황'에 대한 이해, 그리고 말에서 가장 중요한 요소인 내 말을 듣고 있는 '사람'에 대한 이해가 필요하다. 상황과 사람에 대한 이해가 쉽지 않으니 말을 잘하는 것은 쉬운 일이 아니다. 하지만 내 말이 이런 상황에서 상대에게 어떻게 들릴까를 고민하며 말의 옷장을 풍성하게 만들기 위해 노력하는 사람은 말하기 능력이 좋아질 수밖에 없다.

말의 고민은 관계에 대한 고민이다. 따라서 말하기를 잘하고 싶다면 말하기를 '기술'의 측면으로 바라봐서는 안 된다. 말하기를 '관계'의 측면에서 고민하고 성찰하며 공부해야 한다. 자신의 말하기를 준비하는 과정을 통해, 또 말하기를 마치고 뒤돌아 살피는 과정을 통해, 말의 맥락을 짚으며 말의 옷장을 풍성하게 만들어 가는 것이 바로 말을 잘할 수 있는 방법이다.

쌍방향 대화를 원한다면
잊지 말아야 할 것

대화는 대화 참여자들의 말차례가 번갈아 오가야 한다. 혼
자만 말하는 것은 대화가 아니다. 혼자만 말하는 것을 우리는
독백이라고 한다. 대화가 독백이 되면 대화 상대자는 관객이 된
다. 관객이 된다는 건 그 대화에서 소외된다는 뜻이다. 이렇게
자신을 소외시키는 사람과의 대화가 즐거울 리 없다.

대화는 참여자들의 관계가 수평적일 때 원활하게 이루어진
다. 대화 참여자들의 관계가 수직적인 경우 대화는 이루어지기
어렵다. 그 이유를 흐르는 물에 비유해서 생각하면 쉽다. 물은
높은 곳에서 낮은 곳으로 흐른다. 수직적인 관계에서는 물이

한쪽으로 흐르듯이 대화도 일방적일 가능성이 높다. 그렇게 대화는 독백이 되어 버린다. 수직적인 관계가 설정된 상황에서 독백이 아닌 대화를 하려면, 높은 쪽이 많이 내려가거나 낮은 쪽이 많이 올라가는 수밖에 없다. 낙차가 클수록 기울기 조절은 어려워진다.

반면에 참여자들의 관계를 수평으로 두고 시작한다면 대화는 원활해진다. 서로 조금씩만 높이를 조절해도 물이 흐르듯 대화가 흐를 수 있다. 한 번은 내가 한 번은 대화 상대자가 살짝살짝만 높이를 조절하면 자연스럽게 대화가 오간다.

혹시 우리는 대화가 필요하다고 하면서 나와 대화 상대자의 관계를 수직적으로 생각하고 있는 것은 아닐까? 정말 대화하고 싶다면 대화 상대자를 반드시 나와 동등한 위치에 두고 시작해야 한다. 기울기를 서로 살짝만 조절해도 대화가 쉽게 오갈 수 있게 말이다.

"아빠와는 대화가 안 돼요"

대화에 있어서 수평적인 관계가 특히 중요한 사이는 부모 자식 간이 아닐까 싶다. 가정에서 부모는 늘 자녀와의 대화를 원한다. 하지만 많은 경우 자녀와의 대화는 원활히 이루어지지 않는다.

유학 중인 친구의 딸 A가 나를 만나고 싶다고 연락을 해 왔다. 어릴 때부터 지켜보았던 아이가 어느덧 성인이 되어 다른 나라로 공부를 하러 떠난 것이 몹시 대견했다. A는 방학이 되어 한국에 올 때마다 먼저 연락을 주고 나와 만났다.

그런데 그날은 A로부터 꽤나 심각한 이야기를 듣게 되었다. 친척과 갈등이 있었는데, 아버지가 자기 편을 들어 주지 않아 몹시 실망했다는 것이었다. 그 문제로 아버지와 이야기를 나눠 봤느냐는 내 물음에 A는 고개를 저었다.

"얘기하면 뭐해요. 어차피 저는 논리로도 지식으로도 아버지를 설득할 수 없는데요."

가끔 자신의 의견을 말해 본 적이 있지만, 그때마다 아버지의 말만 더 길어질 뿐이어서 지치고 힘들기만 하다고 했다. 그냥 듣고만 있는 것이 빨리 끝내는 데 상책이라나.

그 아버지의 친구이자 가족을 다 아는 나는 많이 놀랐다. 아버지의 인식과 딸의 인식이 이렇게 다를 수가 있구나 싶어서였다. A와 헤어지고 나는 친구에게 전화를 걸었다. 친구로부터 딸과의 사이가 좀 안 좋다며 혹시라도 오늘 얘기 중에 자신이 알았으면 하는 내용이 있다면 귀띔을 해 달라는 부탁을 들었기 때문이다.

나는 친구에게 A와 나눈 이야기를 전했다. 그리고 아이가 자신만의 목소리를 가지고 성장하기를 원한다면, 좀 부족하고 서툴더라도 아이에게 제 목소리를 낼 기회를 주어야 하지 않겠냐고 말해 주었다. 아버지라는 안전한 대상에게 계속 자신을 표현하면서 제 목소리를 다듬어 가야 하지 않겠느냐고 말이다.

대화를 하려면 대등한 관계 설정부터

이런 경우가 생각보다 적지 않은 것 같다. 부모는 대화를 한다고 생각하지만 자녀는 일방적으로 훈계를 듣는다고 생각하는 경우 말이다. 아이의 입장에서 보면 훈계는 짧을수록 좋으니 부모를 자극해 말이 길어지지 않도록 입을 다물고 있는 게 상책이다. 이를 간과한 부모는 자녀에게 말을 많이 하는 것을 대화를 많이 하는 것으로 착각하기도 한다.

가능하다면 한 번쯤 아이와의 대화 상황을 녹음해 들어 보기를 바란다. 누가 어느 정도 말을 하는지 그 비율을 직접 확인해 보면 대화의 실체가 드러난다.

자녀와 대화를 원한다면 자녀의 말을 인내심을 가지고 들어야 한다. 자신이 자녀에게 하고자 하는 말을 일방적으로 하고 자녀의 말을 듣지 않는 것은 대화가 아니다. 자녀를 자신과 동등한 위치에서 두고 기울기를 살짝씩 기울여서 말이 흐를 수 있게 해야 대화가 된다.

비단 부모 자식 간만이 아니다. 직장의 상급자와 하급자 사이든 사제지간이든 선후배 사이든, 애초에 설정된 관계가 수평적이지 않다면 먼저 대등한 관계 설정부터 이루어야 한다. 일방통행이 아닌 대화가 이루어지려면 소위 서열이 높은 쪽에서 먼저 인내심을 발휘할 필요가 있다. 내 생각을 말하기에 앞서 상대가 입을 열 수 있도록 기다려 주고, 설혹 상대가 나와 반대의 의견을 말하더라도 경청하는 태도를 보여 주어야 한다. 그런 노력으로 수평적 관계가 이루어질 때 비로소 대화는 쌍방향으로 흐르게 된다.

만약 상대와 나를 동등한 위치에 둘 수 없다면? 수평적인 관계로 설정할 수 없다면? 대화를 하고자 하는 마음은 접는 게 모두에게 좋다. 단, 외로워질 각오는 꼭 해야 한다.

맞장구는 맞장구일 뿐, 끼어들지 말자!

스승의날을 즈음하여 제자를 만났다. 임신을 해서 배가 꽤 부른 상태였다. 오랜만에 만나 이런저런 얘기를 나누다가 시어머니와 연락을 하지 않고 지내고 있다는 얘기를 듣게 되었다.

자신과 전공이 같다며 결혼할 때는 며느리를 무척이나 마음에 들어 했던 시어머니였다. 그런데 시간이 지나면서 조금씩 삐걱거리는 부분이 생겼고 얼마 전에는 급기야 시어머니가 며느리인 내 제자에게 그간 쌓였던 불만을 조목조목 열거하는 일이 벌어졌다고 했다. 그런데 시어머니의 불만 중에서 자신은 두 가지를 도저히 이해할 수가 없으며 억울하기까지 하다고 했다. 그 두 가지는 바로, '왜 자신의 말을 끊냐'는 것과 '왜 내 말은 안 듣고 네 말만 하느냐'는 것이라고 했다. 자신은 시어머니의 말을 끊은 적도 없고, 안 듣기는커녕 오히려 시어머니께서 무슨 얘기를 하면 열심히 들으며 잘 호응을 하는 것 같은데 억울하다는 것이었다.

나는 그 이야기를 듣고 제자의 말하기를 돌이켜 보았다. 그리고 나니 그 시어머니가 무엇을 오해했는지 약간은 이해할 수 있었다. 국어 교사인 제자는 매우 똑똑하고 말을 참 잘하는 친구였다. 상대의 말에 호응도 잘하고 어떤 화제를 두고도 주거니 받거니 이야기가 잘 통하는 친구였다. 그런데 한 가지 시어머니가 좋아하지 않을 수 있는, 그래서 말을 끊는다고 생각할 수도 있는 말하기 습관이 있었다. 바로 상대가 꺼낸 화제에 대해 호응을 하면서 중간에 관련된 자신의 이야기를 이어 가는 것이었다. 자신은 상대의 말에 대한 관심을 표하는 것이라고 생각하지만 상대는 자칫 자신의 말을 끝내지 못하고 말차례를 뺏겼다고 생각할 수 있었다.

나는 그 제자에게 조심스럽게 혹시 이런 점이 시어머니가 말을 끊는다고 오해하는 것은 아닌지, 그래서 자신의 말을 안 듣고 자기 말만 한다고 생각한 건 아닌지 이야기해 주었다. 열심히 호응하려고 관련된 이야기를 한 것임을 나는 이해하지만 시어머니 입장에서는 자신이 하고 싶은 말을 충분히 하지 못했다고 생각하고 불만이 생길 수 있지 않겠냐고 했다.

제자는 심각한 얼굴로 내 이야기를 들었다. 나는 그 제자에게 시어머니를 만나서 오늘 나와 나누었던 이야기를 말씀드리고 오해를 풀고 앞으로 시어머니와 이야기할 때는 호응하는 방법을 바꿔 볼 것을 권했다. 그리고 몇 달 뒤 출산 소식이 전해졌다. 축하

전화를 했고 아기 선물을 보냈다. 시간이 지나 명절이 되자 제자는 맛있는 포도를 보내왔다. 감사 전화를 하면서 기쁜 소식을 들을 수 있었다. 그날 내가 한 이야기를 듣고 자신의 말하기를 돌아보게 되었다고 했다. 덕분에 원망이 죄송함으로 바뀌게 되었고, 시어머니를 만나서 사과할 용기가 생겼다고 했다. 사과를 드린 덕에 지금은 아주 잘 지내고 있다고 했다.

우리는 말을 하면서 상대의 말에 호응을 하기 위해 맞장구를 친다. 상대의 말을 잘 듣고 있음을 표시하는 것이 맞장구의 가장 기본적인 기능이다. 그래서 맞장구는 상대의 말차례를 지켜 주어야 맞장구의 기능을 다하게 된다. 맞장구를 치는 듯 말차례를 빼앗아 오게 되면 상대는 충분히 말을 하지 못했다고 생각하여 불쾌감을 느끼게 된다. 그 불쾌감이 차곡차곡 쌓이면 관계를 그르친다. 특히, 자신의 말을 끊는 것을 정말 싫어하는 사람이라면 더더욱 그렇다. 상대의 말을 충분히 들어 주고 싶다면, 혹은 그래야 하는 상황이라면 맞장구를 잘 쳐 주되, 맞장구는 맞장구일 뿐, 말 끼어들기가 되면 안 된다는 것을 반드시 명심해야 한다. 나는 상대에게 어떤 대화 상대자인지 자신의 말하기를 성찰할 필요가 있다.

낯선 이와의 대화 요령
─ 스몰토크 활용하기

친구의 초대로 한 모임에 참석하게 된 상황을 가정해 보자. 조금 일찍 도착해서 모임 장소에 들어가니 한 사람이 나보다 먼저 와 있었다. 처음 보는 사람이지만 내 친구의 초대로 와 있는 손님임이 분명하다. 조금 어색하지만 상대와 인사를 나누고 이야기를 해야 한다. 그런데 무슨 이야기를 해야 할까?

이런 상황에서 오가는 말을 '스몰토크'라고 한다. 스몰토크란 사교적인 상황에서 이루어지는 가볍고 소소한 대화를 말한다. 친밀한 사이에 주고받는 대화보다는 초면이거나 초면은 아니라도 서로 친밀하지 않은 관계에서 이루어지는 대화를 주로 지칭한다. 따라서 그런 관계에 적절하다고 할 수 있는 가벼운 주제, 논쟁적이지 않은 문제를 소재로 삼아 이야기하는 것이 일반적이며 공손한 태도를 유지할 수 있다.

스몰토크는 문화에 따라 아주 다른 양상을 보인다. 예를 들어 영국과 미국은 같은 언어를 사용하지만 스몰토크 문화는 매우 다르다. 미국은 스몰토크가 영국보다 훨씬 광범위하게 이루어지는 경향이 있다. 미국에서는 서로 모르는 사이라도 한 공간에 있게 되면 서로 스몰토크를 주고받는 것이 일반적이다. 미국 사람들은 눈이 마주치면 바로 인사를 나누고 말을 건네는 것이 거의 몸에 배어 있는 듯하다. 반면에 영국은 스몰토크가 시작되는 데 좀 더 시간이 걸린다. 영국 사람들은 미국 사람들에 비해 낯선 이와 더 오랜 시간을 함께해야만 하는 상황에서 스몰토크를 주고받는 경향이 있다.

스몰토크가 어려운 우리

그럼 우리는 어떤가? 한국어 사용자들은 영어권에 비해 스몰토크를 훨씬 아끼는 편이다. 단적으로 말하자면 낯선 사람과의 대화에 익숙하지 않다. 엘리베이터에서 자주 마주치는 이웃과 인사를 건네거나 가벼운 대화를 나누는 것조차 그리 일반적인 모습은 아니니 말이다. 행여 낯선 사람이 스스럼없이 말을 건네면 오히려 경계심을 보인다.

이러한 문화적 차이 때문에 우리는 영어권 나라, 특히 미국에 가서 낯선 사람과 스몰토크를 나누는 것을 버거워한다. 언어 장벽에 문화 장벽까지 이중의 장벽으로 가로막힌 탓에 스몰토크는 영어권 나라에 사는 한국인들을 힘들게 한다.

오래전이기는 하지만 내가 영국에서 유학할 때도 한국 유학생들은 아는 사람이 거의 없는 파티에 참석하는 것을 그리 달가워하지 않았다. 특히 많은 사람이 참석하는 파티는 더욱 꺼렸다. 손에 음료를 든 채 서서 낯선 사람들과 대화를 계속해야하는 상황이 끔찍했기 때문이다.

이렇게 우리 문화에서는 쉽게 통용되지 않던 스몰토크가 최근 이곳저곳에서 회자되고 있다. 오늘날 우리 사회에서 이루어지고 있는 스몰토크를 알아보고, 이를 우리 삶 속에서 어떻게 구현해야 할지 설명하기 위해 세 가지 일화를 소개한다.

먼저 인사하면 지는 거야

오래전의 일이다. 친동생처럼 지내는 후배의 가족과 장을 보러 대형 마트에 갔다. 당시 초등학교에 다니던 후배의 딸은 평소 나를 이모라고 부르며 따랐다. 이모와 함께 마트에 온 것이 신이 났는지 아이는 마트의 이곳저곳을 기분 좋게 둘러보았다.

그런데 갑자기 굳은 얼굴로 종종걸음을 하며 내게 다가와서는
목소리를 낮춰 이렇게 말했다.

"이모, 저기 우리 반 친구가 와 있어요."

나는 그 말을 듣고 같은 반 친구를 만났는데 왜 표정이 그렇
냐고, 혹시 너를 괴롭히는 친구냐고 걱정스럽게 물었다. 아이가
아니라고 하길래 그럼 아는 척을 하지 그랬냐고 했더니 아이가
이렇게 말했다.

"이모, 먼저 아는 척하면 지는 거예요!"

아이의 말을 듣고 나는 무척 놀랐다. 먼저 아는 척을 하면 지
는 거라니. 평소 아이의 눈에 비친 어른들의 태도가 그대로 투
영된 말이 아닌가. 사교 모임에 가서 누가 누구에게 먼저 아는
척을 하는가로 서로의 위계를 확인하는 어른들의 못난 태도가
아이의 예민한 눈에 포착되었던 모양이다. 아이에게 너무 부끄
러워 얼굴이 화끈했던 기억이 있다.

모노드라마가 된 대화

친구들과 여행을 하다가 우리를 인솔해 주던 현지인 친구의
지인을 만나게 되었다. 갓 볶은 커피를 전해 주고 싶다는 지인
의 전화를 받은 현지인 친구가 여행 동선에 있는 한 카페로 그
를 초대한 것이다. 그렇게 모두 일곱 명이 둘러앉아 이야기를
나누기 시작했다.

그런데 자리를 잡은 지 얼마 지나지 않아서 대화는 독백으로 바뀌어 있었다. 커피만 전해 주고 간다던 사람이 어느새 커피에 대한 온갖 지식과 자신의 경험담을 쉴 새 없이 털어 놓고 있었기 때문이다. 그를 제외한 우리 일행 여섯 명은 뜻하지 않게 모노드라마의 관객이 되었다.

일행 중 한 명을 제외하고 모두 그 사람과 초면이었고, 커피를 받은 친구도 그와 친분이 두터운 사이는 아니었다. 그러니 이야기 중인 그의 말을 끊고 나가기가 쉽지 않았다. 비자발적으로 그의 모노드라마 관객이 된 우리는 "초면에 제가 말이 너무 많은 건 아닌가요?"라는 그의 말을 세 번에 걸쳐 간헐적으로 듣고 "아닙니다"라고 꼬박꼬박 세 번 모두 부인한 후에야 겨우 그 자리에서 놓여날 수 있었다.

스몰토크를 못해요

얼마 전의 일이다. 아침에 일어나면 보통 라디오를 켜고 출근을 준비한다. 출근 준비를 하는 시간에는 대체로 시사 프로그램이 방송된다. 보통은 나갈 채비를 하느라 집중해서 듣기가 어렵지만 그날 주제가 마침 스몰토크여서 잠시 출근 준비를 멈추고 귀를 기울였다.

스몰토크라는 말이 자주 귀에 들리기 시작해서 관심을 두어 오던 터였다. 한 지인이 스몰토크를 잘하지 못한다며 고민을 토로하는 바람에 상기된 단어였다. 방송을 들으니 진행자 역시 스스로를 스몰토크에 약한 사람이라고 평가했다. 너무 말이 없어서 배우자가 불만이 많다면서 자신은 중요한 말이 아니면 하지 않는다고 했다. 자신이 생각하는 중요한 말이란 일과 관련된 것이라며 지금은 나이가 들어 조금 나아졌다는 말을 덧붙였다.

스몰토크를 가로막는 문화

지금 소개한 세 일화는 모두 스몰토크를 가로막는 우리 문화를 단적으로 보여 준다. 무엇 때문에 우리가 스몰토크를 어려워하는지, 우리가 놓치고 있는 스몰토크의 의미와 가치는 무엇인지 하나씩 살펴보자.

진짜 '윗사람'이라면
첫 번째 일화는 왜 우리 사회에 스몰토크 문화가 없는지에 대한 답을 제공하는 듯하다. 스몰토크를 시작하기 어렵게 만드는 우리의 태도를 그대로 보여 준다. 낯선 사람과 말을 시작하려면 우선 인사부터 해야 한다. 그런데 낯선 이는커녕 아는 사람을 만나도 먼저 아는 체하는 것을 '지는 것'이라고 생각한다면 더 이상의 말이 필요 없다. 실제로 우리 문화에서 먼저 아는 척하고 인사하는 사람은 대부분 권력이 작고 지위가 낮다. 우리는 소위 '윗사람'은 소위 '아랫사람'에게 먼저 인사를 받아야 한다고 생각한다. 또 소위 '아랫사람'은 소위 '윗사람'에게 먼저 인사를 드리는 것이 도리라고 배운다.

물론 사람에게 위아래가 존재한다는 개념부터 다시 생각해야 하지만 진짜 자신이 윗사람이라고 생각한다면 아랫사람이라고 여기는 사람에게 먼저 가서 인사를 하고 말을 걸어야 하지 않을까? 그것이 진정 윗사람의 자세가 아닐까? 남들이 먼저 인사하고 아는 척해 주기 전까지 아무도 보이지 않는 양 근엄한 표정을 짓고 있는 것을 당연하게 여긴다면, 그건 윗사람의 모습이 아니라 외로운 사람의 모습이라고 말해 주고 싶다.

대화의 핵심은 '티키타카'

두 번째 일화처럼 대화의 장을 독백의 무대로 꾸미는 사람들을 우리는 일상에서 쉽게 만난다. 하지만 대화는 서로 발언권이 오가야 즐겁다. 요즘 흔히 사용되고 있는 '티키타카가 잘 된다'는 말이 대화의 본질을 잘 말해 준다. 티키타카(tiqui-taca)란 스페인어로 탁구공이 왔다 갔다 하는 모습을 뜻하는 말로 빠른 패스를 주고받으며 상대의 진영을 압박하는 축구 전술의 이름이기도 하다. 이 말이 대화에서 발언권이 적절히 왔다 갔다

하는 것을 비유적으로 이르는 말로 확장되어 쓰이는 것이다.

특히 초면에서의 대화는 티키타카가 잘 이루어지도록 신경을 써야 한다. 발언권을 독점하는 것은 마치 패스하지 않고 공을 독점하며 축구 경기를 하는 것과 같다. 티키타카는 축구에서도 대화에서도 매우 중요하다. 대화도 축구처럼 팀워크를 요구하기 때문이다.

언어의 기능에 대한 오해

세 번째 일화에 등장하는 라디오 진행자는 언어가 가진 기능을 다소 편협하게 이해하고 있다. 사실 언어의 기능을 '정보 전달의 기능'으로만 이해하는 사람이 많은 것 같다. 하지만 언어는 그 외에도 다양한 기능을 수행한다. 의례적 기능이 그중 하나다. 의례적 기능이란 사회적 상호작용을 목적으로 하는 언어의 기능을 말한다. 만나면 하는 인사가 대표적인 언어의 의례적 기능이다.

스몰토크도 언어의 의례적 기능을 수행한다. 우리는 스몰토크를 통해 내 앞의 사람을 '존재'로 인식하고 있음을 예의를 갖춰 표현한다. 당신은 투명 인간이 아니라 한 존재로서 내게 인식되고 있다는 환대의 마음을 말로 표현하는 것이다. 낯선 이와의 대화가 누군들 어렵고 힘들지 않겠는가? 그래도 상대의 존재를 환대하는 나의 마음을 표현할 필요가 있다고 생각하기에 우리는 낯선 사람과 상호작용을 하는 것이다.

그러니 '중요한 말이 아니면 안 한다. 그리고 여기서 중요한 말이란 일과 관련된 것이다'라는 그의 발언은 언어의 기능을 깊이 이해하지 못하고 있음을 보여 준다. '중요한 말'은 맥락에 따라 완전히 달라질 수 있다. 예를 들어 일의 맥락에서 중요한 말이란 일의 수행을 위해 행해지는 말이다. 반면에 관계의 맥락에서 중요한 말이란 사람과의 관계를 만들고 유지하는 데 필요한 말이다. 회의에서는 일의 맥락에 어울리는 말이 주가 되어야겠지만, 일상 대화나 사교의 장에서는 관계의 맥락에 어울리는 말이 주인공이 되어야 한다.

그래서 중요한 말은 일의 맥락에서만 존재한다고 생각하는 사람은 외로워질 수밖에 없다. 일이 사라지면 말이 사라지고, 말이 사라지면 관계도 사라지기 때문이다. 말은 관계의 맥락에서도 매우 중요하다는 점을 잊어서는 안 된다.

언어에 대한 이러한 편협한 생각이 어쩌면 가족을 '스몰토크를 해야만 하는 대상'으로 만들었을지도 모른다. 사실 가족은 스몰토크의 대상이 아니다. 가족은 더 깊이 있는 대화를 나누어야 하는 대상이며, 일이 아니라 삶의 문제들을 공유하는 대상이다. 서로를 이해하고 서로의 삶에 공감과 지지를 보내는 대화를 통해 위로와 용기를 주고받으며 삶의 에너지를 충전해 주는 역할을 하는 것이 바로 가족이다. 가정은 바로 그런 가족들의 말이 흐르고 통하는 곳이 되어야 한다.

스몰토크를 통해 생각해야 할 것

우리 사회에서 이루어지고 있는 스몰토크를 둘러싼 일들을 들여다보니 낯선 이에 대한 우리의 태도가 드러나는 듯하다. '우리'의 범주에 들지 않는 낯선 사람에 대해 우리는 존재 자체를 무시하는 듯한 태도를 보인다. 그리고 그런 서로의 태도에 이미 익숙해진 것이 아닌가 싶다.

이러한 태도가 극단적으로 드러나는 상황은 낯선 이의 작은 친절을 만났을 때, 그리고 낯선 이에게 작은 무례를 범했을 때다. 우리는 낯선 이의 작은 친절에 고맙다는 표현을 하는 데도, 낯선 이에게 행한 무례를 사과하는 데도 익숙하지 않다. 만약 상대가 아는 사람이라면 상황은 완전히 달라진다. 상대적으로 고맙다, 미안하다는 말이 더 쉽게 오간다. 하지만 조금만 생각해 보면 오히려 낯선 이의 작은 친절에 더 감사하다는 표현을 해야 하고 낯선 이에게 행한 작은 무례에 대해 더 용서를 구해야 하는 게 아닐까?

그럼에도 불구하고 우리가 낯선 이에게 고맙다, 미안하다는 말을 아끼는 이유는 무엇일까? 상대의 작은 친절을, 그리고 자신의 작은 무례를 알아채지 못해서일까, 아니면 굳이 말하지 않아도 상대가 알 거라고 생각하기 때문일까? 전자라면 예의를 못 배운 것이고, 후자라면 언어를 못 배운 것이다. 그리고 그 이면에는 자기중심적 사고가 숨어 있다.

내가 베푼 작은 친절을 상대가 몰라줘서 서운하다면, 상대가 무례를 행하고도 아무 말도 없는 것이 불쾌하다면 상대도 나와 마찬가지일 거라고 생각해야 한다. 친한 사이에서도 표현하지 않고 알아 달라는 것은 억지일 수 있는데 모르는 사람에게 같은 걸 바라는 건 말도 안 된다.

지금 아는 사람도 한때는 낯선 사람이었다. 혹시 우리가 스몰토크에 인색한 이유가 공동체를 함께 구성하는 사람들을 구분 짓고 이를 통해 차별하기 때문인 것은 아닌지 성찰해야 한다. 설사 헤어지면 다시 만나지 않을 사이라고 해도 그 존재만큼은 서로 인정해 주어야 한다. 낯선 이에게 미소를 지으며 가벼운 인사를 나누는 것은 상대의 존재를 인정한다는 뜻을 담는다. 내 앞의 상대에게 '당신은 존재합니다. 당신은 내게 투명인간이 아닙니다'라는 말을 스몰토크로 대신하는 것이다.

그런 의미에서 스몰토크는 앞서 말한 바와 같이 모든 인간은 그 자체로 환대받아야 하는 존재임을 나의 일상에서 적극적으로 표현하는 것일 수도 있겠다. 이렇게 생각한다면 조금 더 쉽게 낯선 이에게 먼저 인사를 건네고 말을 건넬 수 있지 않을까? 낯선 이에게도 이런 나의 태도를 표현할 수 있다면 내 삶에 의미 있는 존재들과 티키타카 공감과 지지를 보내는 대화는 훨씬 더 쉽고 즐거워질 것이다.

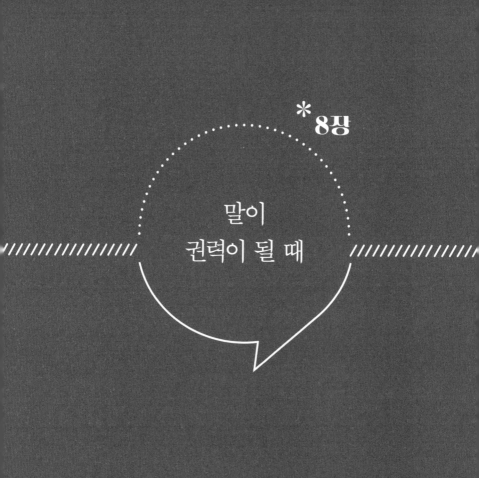

*8장

말이
권력이 될 때

발언권이 생긴 당신이 준비해야 할 것들

인생에는 여러 가지 아이러니가 있다. 말하기와 관련한 아이러니라면 다음의 내용을 꼽고 싶다.

> 말을 고칠 수 있는 나이에는 발언권이 없고,
> 발언권이 생긴 나이에는 말을 고치기가 어렵다.

정말 아이러니가 아닐 수 없다.

실제로 20대 대학생들은 조금만 신경을 써서 조언해 주면 말하기가 정말 많이 달라진다. 주의를 기울이면 쉽게 말을 바꿀 수 있다. 하지만 그들에게는 발언권이 없어서 말할 기회가 별로 없다. 특히 공적 말하기는 배우고 익혀야 하는데 이들에게 주어지는 기회는 그리 많지 않다. 기회가 적은 만큼, 말하기의 중요성을 잘 깨닫지 못한다. 그래서 못하면 피하면 된다고 생각하는 경향이 있다. 하지만 몇 번의 피드백만으로도 큰 변화와 성장을 이룰 수 있는 시기다.

반면에 40대 중후반 이후부터는 발언권이 생기기 시작한다. 발언권이 생기면서 다양한 말하기 상황이 찾아온다. 제대로 준비가 되어 있지 않은 사람들은 그래서 스트레스를 받고 말하기의 중요성을 절감하게 된다. 말하기가 중요함을 깨닫게 되니 말하기에 관심을 가지고 공부를 하려 한다. 하지만 발언권이 생긴 나이가 되면 변화와 성장을 이루는 데는 정말 많은 시간과 노력이 필요하다.

발언권이 생겼는지 어떻게 알까

발언권이 생긴 나이에 말을 고치기 어려운 이유는 무엇일까?

우선 가장 먼저 생각할 수 있는 것은 습관이 깊어서다. 오랜 시간에 걸쳐 굳어진 습관을 바꾸는 데는 많은 시간과 노력이 든다. 특히 발음은 습관이 깊어지면 고치기가 쉽지 않다. 특정 발음에 문제가 있는 경우 그 발음을 고치기 위해 들이는 노력은 나이에 따라 반비례하는 것이 사실이다.

하지만 그게 다는 아니다. '습관이 깊어서'보다도 더 말을 고치기 어렵게 만드는 이유로 '아무도 지적해 주지 않기 때문'을 꼽을 수 있다. 권력의 크기가 커질수록 자신의 부족함을 지적해 줄 수 있는 사람은 줄어든다. 그러니 지적을 받을 기회가 희박해진다. 게다가 지적을 받는다고 해도 그 지적을 받아들여 바꾸려 하기보다는 그냥 무시하는 경우가 많다. 결국, 발언권이 생긴 나이에 말을 고치기 어려운 근본적인 이유는 변화에 대한 절실함이 부족해서다.

그렇다면 내게 발언권이 생겼는지 알아볼 수 있는 방법은 없을까? 우리는 다음의 다섯 가지로 자신에게 발언권이 생겼는지를 확인할 수 있다.

첫째, 어디를 가면 자꾸 말을 하라고 한다.
둘째, 내 앞에서 다른 사람들이 말을 잘 하지 않는다.
셋째, 어느 순간 나만 얘기하고 있다.
넷째, 말하는 시간이 듣는 시간보다 길다.
다섯째, 내 말을 다른 사람들이 경청하는 것 같다.

우선 첫 번째부터 살펴보자. 발언권이 생기기 시작하면 사람들은 고민에 빠진다. 오래전에 어떤 분이 실제로 내게 토로했던 고민이다. 사석에서 만난 그분은 내게 자신의 고민을 털어놓으며 조언을 구했다. 공대 교수인 그는 말주변이 그리 좋지 않다고 스스로 생각하는 사람이었다. 그런데 학장이 되었더니 어디가면 자꾸 말을 하라고 해서 아주 당혹스럽다고 했다. 발언이 예정되어 있는 경우는 미리 준비해 가면 되니 크게 문제가 되지 않지만, 예상 없이 갔는데 말을 하라고 시키면 아주 곤혹스럽다며 어떻게 하면 좋을지 조언을 부탁했다.

미리 할 말을 준비하라

이에 대한 내 조언은 간단했다. 요약하면 다음과 같다. 학장이 되었으니 사회적 권력이 더 커졌고, 권력의 크기만큼 발언권 역시 더 커지는 법이다. 자꾸 말할 기회가 생기는 것은 당연하다. 그러니 어디를 가든 할 말을 준비해 가는 것이 좋다. 할 말을 준비한 상태에서 모임에 가면 시켜도 안 시켜도 문제가될 게 없기 때문이다. 시키면 준비가 되었으니 준비된 대로 말하면 되고, 안 시키면 안 하면 되니까 문제가 될 게 없다.

간단한 조언이었지만 울림이 컸던 모양이다. 다시 만났을 때 그는 반색을 하며 고맙다고 했다. 덕분에 모임에 가는 것이 덜 부담스러워졌다고 했다.

말을 준비해 가는 것은 발언권을 가진 사람들의 성의이자 예의다. 말은 준비되어야 간결하게 할 수 있다. 준비가 안 된 채로는 횡설수설하며 말이 길어지게 마련이다. 말이 길어지면 웬만큼 좋은 내용이 아닌 한 청중을 집중시키기 어렵다. 핵심 없이 시간만 끌다가 끝나는 경우가 많다. 듣는 사람도 말하는 사람도 힘들어진다.

대체로 사람들은 1분 30초가 넘어가면 지루해하기 시작한다. 1분 30초 동안 우리는 보통의 말하기 속도를 기준으로 띄어쓰기 없이 약 500글자 정도를 말한다. 90초 말하기 혹은 100초 말하기의 감각을 평소에 익혀 볼 것을 권한다. 발언 기회가 올 때 내 발언 시간을 재 보는 것도 방법이다.

만약 1분 30초를 넘겨 연설을 해야 하는 상황이라면 두 가지를 명심할 필요가 있다. 첫째는 가능하면 읽지 말아야 한다는 것이다. 대본을 악보라고 생각하고 미리 숙지하는 것이 중요하다. 부득이 읽어야 하는 경우라도 시선을 연설문에 계속 두면 안 된다. 시선을 청중에게 두어야 이목이 집중된다. 둘째는 연설의 구성에 신경을 써야 한다는 것이다. 이야기 구조를 갖춰서 90초를 넘지 않는 길이마다 청중의 주의를 환기시킬 수 있는 장치를 넣어 청중이 집중할 수 있도록 해야 한다. 청중에게 하는 연설인데 청중을 소외시킨다면 연설의 가치가 사라지게 된다.

발언권자가 발언권을 독점하는 악순환의 함정

발언권이 생겼는지를 알 수 있는 점검 포인트의 둘째부터 넷째까지는 발언권이 생겼을 때 흔히 발생하는 악순환의 함정이다. 사람들은 발언권을 가진 사람이 누구인지 기가 막히게 안다. 발언권도 권력이기 때문에 권력의 크기에 비례하여 발언권이 주어진다. 특히 공적인 관계라면 권력의 격차가 클수록 발언권의 비대칭도 커지게 마련이다.

사실, 발언권이 큰 사람이 발언권을 독점하게 되는 데는 나름의 이유가 있다. 발언권자 앞에서 사람들이 말을 하려 하지 않기 때문이다. 발언권자의 입장에서는 침묵을 그냥 둘 수 없어서 어쩔 수 없이 말을 시작하게 된다. 그렇게 시작했지만 발언권자가 말을 시작하면 누구도 그 발언권에 도전하지 않는다. 그러다 보니 계속 혼자만 떠들게 된다.

물론 발언권자 입장에서는 억울할 수 있다. 사람들이 말을 안 하려 해서 어쩔 수 없이 말을 하게 된 것이니 말이다. 그런데 과연 다른 참여자들도 그렇게 생각할까? 다른 참여자들 입장에서는 기회가 없어서 말을 못 했을 수 있다. 발언권이 큰 사람이 계속 말을 하고 있는데 어떻게 그 말을 끊고 자신의 말을 할 수 있겠는가?

결국, 아무도 말을 하지 않아서 말을 시작한 것뿐인데 내가 계속 말을 하고 있어서 다른 사람들이 말을 하지 못하게 되는 악순환에 빠지게 된다. 그러니 어느 순간 발언권을 가진 사람은 혼자만 말하는 상황에 처하게 되고 당연히 말하는 시간이 듣는 시간보다 길어지게 된다.

　마지막 다섯 번째야말로 가장 경계해야 할 내용이다. 중요한 내용인 만큼, 상세히 살펴보기로 하자.

말에 취해
발언권을 독점하면 벌어지는 일

앞서 말했듯이 발언권은 보통 권력의 크기에 비례하여 주어
지기 마련이다. 그러다 보니 권력을 가진 사람 앞에서 사람들
은 입을 닫고 귀를 여는 경향이 있다. 따라서 권력자는 사람들
이 자신의 말을 경청하는 이유가 자신의 권력 때문인지 자신의
말 때문인지를 분별할 줄 알아야 한다. 만약 이것을 분별하지
못하면 권력자는 자신의 말에 사람들이 보이는 거짓 반응 때
문에 자신이 말을 잘한다는 착각, 사람들이 자신의 말을 재밌
어 하고 듣고 싶어 한다는 착각에 빠지게 된다.

그래서 권력을 가진 사람들은 내 말을 듣고 있는 사람들이

진심으로 내 말을 '경청하는 것'이 아니라 사실은 나의 권력 때문에 내 말을 '경청하는 척'하는 것일 수 있음을 염두에 두어야 한다. 듣고 있는 사람들이 자신의 말에 공감하며 고개를 끄덕인다고, 자신을 뚫어져라 쳐다보며 집중한다고, 감탄사까지 연발하는 등 반응이 정말 열광적이라고, 자신의 말에 취해서 열정적으로 말을 이어 가며 발언권을 독점해서는 안 된다. 자신의 말에 취하기 시작하면 주변의 반응을 똑바로 살피기가 어렵다. 이렇게 권력자는 점점 더 자신의 말에 취해서 열정적으로 말을 이어 가며 발언권을 독점하게 된다.

듣는 사람 입장에서 세심히 살피라

사실 사람들이 집중하는 것은 내 권력이지 내 말이 아니다. 그런데 권력자들은 자신의 말에 집중하는 줄 착각한다. 그러니 지금 하고 있는 이야기가 이미 여러 번 반복했던 이야기일 거라고는 꿈에도 생각하지 못한다. 자신이 말을 잘하고, 하는 이야기가 너무 재미있어서 듣는 사람들이 자신의 이야기에 빨려 들어가고 있다고 착각한다.

이제 듣는 사람 입장에서 생각해 보자. 저렇게 열심히 말하고 있는데 "이미 여러 번 말씀하신 얘기예요"라며 찬물을 끼얹을 수는 없다. 권력자든 아니든 그것은 말하는 사람에 대한 예의가 아니다. 게다가 나보다 더 여러 번 들었을 법한 사람들도 저렇게 집중하며 열심히 추임새를 넣고 감탄사를 연발하는데 내가 나설 수는 없다. 지루해도 열심히 들어 주는 것이 예의라는 결론에 이르게 된다. 한편으로는 불쌍하다는 생각이 든다. 말을 저렇게 하고 싶어 하는데 들어 주어야 도리가 아닌가? 함께 있는 그 시간을 견뎌 주는 것이 뭐 그리 어려운가? 나는 예의를 중요하게 생각하는 사람이다. 그 정도를 못 참아서 '싸가지 없는' 사람으로 찍힐 수는 없다.

사람들이 내 앞에서 말을 하지 않는다면 우선 그 원인을 파악해야 한다. 대체로 두 가지 원인을 생각해 볼 수 있다. 내가 발언권이 큰 사람이어서 조심스럽기 때문이거나 혹은 내가 더불어 말하기에 매력적인 사람이 아니거나. 전자라면 발언권자로서 말하기 장면을 세심히 살펴야 하고 후자라면 더 매력적인 존재가 되기 위해 노력해야 한다. 전자의 경우에 말하기 장면을 세심하게 살피지 못하면 후자의 유형이 되어 버린다는 점을 명심해야 한다. 발언권이 생기면서 벌어지게 되는 발언권 독점의 악순환을 끊기 위해 더 세심하게 말하기 장면을 살필 필요가 있다. 특히, 다른 사람들이 내 앞에서 말하는 것을 안전하게 생각하는지 아닌지를 잘 살펴야 한다.

발언권을 배분할 권리 또한 잊지 말 것

많은 사람들이 말하기에 있어서 '경청'이라는 예의를 강조한다. 누군가 말을 하면 열심히 듣는 것이 예의라는 것이다. 예의란 한쪽에게만 요구되는 것이 아니라 양쪽 모두에게 요구되는 것이다. 그런데 경청은 듣는 사람의 예의이지 말하는 사람의 예의는 아니다. 말하기의 예의로 우리는 '경청'이라는 다소 일방향적인 예의만을 이야기해 왔던 것 같다.

그렇다면 말하는 사람의 예의는 무엇일까?

바로, 내 말을 듣고 있는 사람에게 발언의 기회를 주는 것이다. 누군가가 내 앞에서 내 말을 열심히 들어 주고 있다면 나도 그 사람의 이야기를 열심히 들어 주어야 한다. 내 말에 경청의 예의를 갖추고 있는 사람에게 나도 경청의 예의를 갖추어야 한다. 그렇다면 상대에게 발언할 기회를 주어야만 한다. 발언권을 상대에게 주는 것이 말하는 사람이 반드시 갖추어야 할 예의가 되어야 하는 이유다.

발언권을 독점하는 것은 그래서 상대에게 무례를 범하는 일이라고 할 수 있다. 경청의 예의를 상대에게 일방적으로 요구하는 일이기 때문이다. 발언권이 생겼다는 것은 자칫 발언권을 독점하는 무례한 사람이 되기 쉬워졌음을 의미하는 것일 수 있음을 명심해야 한다. 발언권은 그래서 말하는 권리가 아니라

다른 사람들에게 발언권을 배분하는 권리라고 재해석할 필요
가 있다.

청중의 주의를 환기시키는 법

 말을 하는 사람이 가장 신경을 써야 하는 것 중의 하나는 말을 하는 동안 청중의 주의를 집중시키는 것이다. 그런데 청중은 매우 냉정해서 흥미가 없으면 듣지 않는다. 또한 아무리 흥미가 있어도 주의 집중 시간이 그리 길지 않다. 그래서 말을 하는 사람들은 청중이 흥미롭게 들을 수 있는 내용을 준비해야 함은 물론이거니와, 지루해할 수 있는 시간, 혹은 집중력이 떨어지는 시간에 적절한 환기 장치를 마련해야 한다. 지루해질 즈음 변화를 주는 것이 핵심이다.

 청중을 환기시키는 장치로는 크게 언어적인 것과 비언어적인 것이 있다. 언어적인 환기 장치로는 유머, 질문, 인용이나 사례의 도입, 화제의 전환 등이 있고, 비언어적인 환기 장치로는 목소리 톤, 속도, 쉼의 패턴 등을 바꾸거나 동작 언어를 사용하는 것 등이 있다. 이때 주의할 것은 어설픈 유머나 질문은 위험한 환기 장치가 될 수 있다는 점이다. 5분 이내의 짧은 연설이라면 청중을 살펴서 비언어적 환기 장치를 적절히 사용하는 것이 좋다.

발언이 자유로운 공동체를 만들려면

한 교수법 강연에서 들은 흥미로운 이야기다. 연사는 한국계 미국인이며 미국 대학의 교수였다. 한번은 그 교수가 자신의 대학원생들을 인솔하여 공동연구를 하는 국내 교수의 대학원 연구실을 방문한 적이 있었다. 방문을 마치고 돌아가면서 그 교수는 미국 대학원생들에게 한국 대학을 방문하고 가장 인상적인 것이 무엇이었는지 물었다. 그랬더니 한 대학원생이 다음과 같이 말했다.

"한국의 대학원생들은 교수와 같이 있을 때와 그렇지 않을 때 아주 다른 사람처럼 행동했어요. 한국 대학원생들은 우리와 함께 있을 때는 이야기를 아주 활발하게 하다가 교수가 나타나면 바로 입을 다물고 거의 말을 하지 않았어요."

이 말을 듣고 모든 미국 대학원생들이 격하게 공감을 했다고 한다.

발언하는 소수와 침묵하는 다수

이런 풍경은 우리나라 대학에서 흔히 볼 수 있는 익숙한 모습이다. 처음 교수가 돼서 가장 적응하기 어려웠던 것도 바로 대학원생들의 무거운 침묵이었다. 대학원생들은 마치 결심이라도 한 것처럼 교수 앞에서는 말을 하려 하지 않았다. 학기가 높을수록, 대학원에 적응할수록 그 침묵의 무게는 더해지는 듯했다. 교수 앞에서는 늘 살얼음을 걷듯이 조심스러워했고 그러다 보니 그들의 언행은 늘 부자연스러워 보였다. 자기 자신을 자연스럽게 드러내지 못하는 듯했다.

그런데 과연 이것이 대학에만 한정된 풍경일까? 사실 이런 풍경은 우리 사회 어느 곳에서나 관찰할 수 있는 익숙한 풍경이다. 가정에서는 아버지의 등장과 동시에 함께 이야기하던 가족들이 각자의 방으로 흩어지거나 말없이 텔레비전 화면만 응시한다. 회사에서는 사장이나 대표는 물론 이사진이나 심지어 부장만 나타나도 대화를 멈춘다. 급하게 모임을 파하고 뿔뿔이 흩어진다. 영화나 드라마에도 자주 등장하는 매우 익숙한 장면이다.

말을 목적으로 만나는 회의의 풍경은 어떤가? 회의도 예외는 아니다. 회의 장면을 관찰하면 조직의 문화와 회의 참여자들 사이의 권력관계를 바로 알 수 있다. 발언은 늘 상급자들의 전유물이다. 하급자들은 좀처럼 발언을 하려 하지 않는다. 상급자의 발언을 경청하는 듯 열심히 고개를 끄덕이며 긍정적인 추임새를 넣는다. 설령 발언을 한다고 해도 매우 조심스러운 태도로 빙빙 돌려 말한다. 이러한 경향은 조직 문화가 수직적일수록, 회의 참여자들 사이의 권력 차이가 클수록, 구성원의 사회생활 연차가 높을수록 더 강하다.

과연 상급자들은 할 말이 많고, 하급자들은 할 말이 없어서일까? 그런 것 같지는 않다. 같은 사람들이 상황에 따라 아주 다른 모습을 보이는 것을 보면 말이다. 상급자 앞에서 입을 꾹 다물고 있던 사람들이 하급자들과 만나면 발언권을 독점한다. 마치 자신이 견뎠던 침묵의 시간을 보상이라도 받아야 한다는 듯이 말이다.

권력에 민감한 소통 문화

이처럼 학교에서도 가정에서도 사회에서도 권력관계에 민감한 의사소통 양상이 관찰된다. 상대적으로 권력이 큰 사람을 상급자, 작은 사람을 하급자라고 이름을 붙이고, 우리 사회에서 관찰되는 의사소통의 양상을 정리하면 다음과 같다.

상급자는 하급자 앞에서는 발언권 독점을 통해 자신을 드러내는 데 거리낌이 없다. 없어도 너무 없다. 부끄러운 말인지 부적절한 말인지 스스로 점검하거나 확인하지 않는 듯한 언행을 보인다. 자신의 말이 듣는 사람들에게 어떻게 들릴지 전혀 생각하지 않는 듯 무례한 발언도 서슴지 않는다. 아무 말이나 너무나 편안하게 해서 뜨악할 지경이다. 긴장감을 전혀 갖지 않는 것이 문제다.

반면에 하급자들은 상급자 앞에서는 발언하지 않는 것을 미덕이라고 생각하는 듯이 행동한다. 권력자 앞에서는 말을 하는 것보다 듣는 것이 편하고 안전하다고 느끼는 것 같다. 의견이 없어서도, 할 말이 없어서도 아니다. 자신의 말이 권력자에게 어떻게 들릴까를 지나치게 의식한 탓이다. 잔뜩 긴장한 탓에 언행이 부자연스럽다. 권력자의 눈 밖에 나면 손해라는 생각에 무척 조심스러운 것이다.

특히, 하급자들은 무례하다는 인상을 주지 않으려고 애쓴다.

자신의 생각을 말했다가 소위 '싸가지 없는 사람'이 되는 것을 극도로 조심하는 경향이 있다. 둘이 있을 때는 불만이 한가득이던 동료가 회의에 들어가서는 언제 불만이 있었냐는 듯이 말간 얼굴을 하고 권력자의 말에 '예, 예'를 반복한다. 예의를 가장한 비겁함 뒤에 숨는 것이다.

그러니 상급자들은 하급자들과의 말이 편하지만, 하급자들은 상급자들과의 말이 편할 리 없다. 한쪽이 일방적으로 편하다는 것은 뒤집어 말하면 한쪽이 일방적으로 불편하다는 뜻이 된다. 말하기의 편한 정도는 바로 발언 안전도와 관련이 있다. 발언이 안전하다고 느낄수록 말하기는 편해지고, 반대로 발언이 안전하지 않다고 느낄수록 말하기는 불편해진다.

권력관계에서 상급자는 말하기 안전도가 높으니 어떤 말도 편하게 한다. 반면에 하급자는 말하는 환경이 안전하다고 느끼지 못한다. 말을 잘못했다가 문제가 생기면 어쩌나 걱정이 돼서 말이 불편할 수밖에 없다.

우리는 아직도 권력의 크기에 반비례하여 발언의 안전도를 느낀다. 이는 우리 사회의 수직적 조직 문화와 무관하지 않다. 우리 사회의 문제점으로 지적되는 세대 간이나 직급 간의 불통 이면에, 우리 사회에 공고히 존재하는 연령 권력과 수직적 조직 문화가 버티고 있다.

무례함와 비겁함의 공존

　그 결과 상급자는 하급자를 의식하지 않는 듯 아무 말이나 하는 경향이, 하급자는 상급자를 과도하게 의식해서 입을 열려 하지 않는 경향이 생기게 된다. 그래서 상급자는 무례해질 가능성이, 하급자는 비굴한 자세를 자발적으로 취할 가능성이 높다.

　상급자들이 소위 설화 사건을 자주 일으키는 이유도 같은 선상에서 생각해 볼 수 있다. 특히 주목해야 하는 것은 설화 사건의 장본인이 자신의 발언이 왜 문제가 되는지조차 모른다는 점이다. 그 정도의 발언이 무슨 문제냐고 적반하장의 태도를 보이는 경우도 심심치 않게 관찰된다.

　한편, 하급자들은 말의 억압으로 인해 스트레스를 받는다. 하고 싶은 말을 다하면 소위 '개념' 없는 사람이라는 평가를 받게 된다. 괘씸죄로 고통을 당하는 사람들이 뻔히 현실에 존재하는데 어떻게 자신의 생각을 있는 그대로 표현할 수 있겠는가? 스트레스가 역치에 도달하기 전까지는 말을 하지 않고 꾹꾹 참는다. 하지만 스트레스가 한계점, 즉 문턱값을 넘게 되면 갑자기 그간 쌓인 것까지 한꺼번에 폭발한다. 그러니 작은 일에 과도한 대응을 하는 것으로 오해를 받게 된다.

　사실, 발언 안전도를 높이는 일은 상급자와 하급자 모두를 위해 꼭 필요하다. 하급자의 부적절한 침묵이나 비겁한 동조는 상급자를 무례한 사람으로 만들 수 있다. 무례함이 일상이 된 상급자는 무례를 무례로 인식하지 못하여 스스로를 위험한 상황에 놓이게 한다. 또, 상급자의 비민주적이고 권위주의적인 태도와 공감 능력 부족은 하급자들의 다양한 생각을 이끌어 내지 못하여 조직의 성장을 가로막는다.

우리 사회 곳곳에 숨어 있는 이와 같은 수직적이고 일방적인 소통 문화는 우리 사회의 성장과 성숙을 가로막는 가장 큰 걸림돌이 되고 있다. 따라서 발언이 안전한 사회를 만드는 일은 우리 사회가 한 단계 도약하기 위해 가장 중요한 문화적 토대가 될 것이다.

그렇다면 발언이 안전한 사회, 어떻게 만들 수 있을까?

발언이 안전한 환경을 만들기 위한 전제 조건

이를 위해 먼저 '말하기'에 대한 우리의 생각을 되짚어 볼 필요가 있다. 사람들은 모두 자신만의 관점이 있고 그 관점을 통해서 세상을 바라본다. 말하기는 바로 서로의 관점을 주고받는 일이다. 말을 함으로써 자신의 관점을 상대에게 전하고 말을 들음으로써 상대의 관점을 수용한다. 우리는 그 과정을 통해 자신의 관점을 확장해 간다. 대화와 토론이 생각을 성장시키고 생각의 지평을 넓히게 되는 이유가 바로 여기에 있다.

말하기에 대한 이와 같은 전제를 받아들인다면, 우리는 나와 다른 관점에서 세상을 바라보는 사람과의 대화와 토론일수록 더 큰 매력을 느끼게 될 것이다. 또, 발언권을 독점하는 것은 타인의 관점을 수용할 수 있는 귀한 기회를 잃는 일이므로 지양하게 될 것이다. 대신에 더 많은 구성원들이 자신만의 관점을 안전하게 드러낼 수 있는, 발언이 안전한 환경을 만들기 위해 노력하게 될 것이다.

특히, 조직이나 사회에서 더 큰 책임을 진 사람, 즉 '리더'라고 불리는 사람들은 발언이 안전한 환경을 만들기 위해 온갖 노력을 다해야 한다. 리더는 결정하는 사람이고 그 결정에 책임을 지는 사람이다. 리더가 하는 모든 고민의 핵심은 결국 좋은 결정을 하는 것이다. 리더의 결정은 구성원에게 큰 영향을 미치기 때문이다. 그래서 리더는 자신만의 관점에 빠져서는 안 된다. 좋은 결정을 위해서는 사안을 바라보는 다양한 관점의 검토가 필수적이다. 그래서 좋은 리더는 구성원들이 자신만의 관점을 드러낼 수 있는 기회와 장치를 마련하기 위해 애쓴다. 좋은 리더가 결정의 과정에서 입을 여는 대신 귀를 여는 이유다.

그렇다면 리더들에게만 다양한 관점이 필요한 것일까?

우리 모두는 우리 삶의 주인이며 동시에 대한민국의 주인이다. 우리는 모두 자기 삶의 주인으로서 자기 삶의 중요한 결정을 내려야 한다. 또, 우리는 대한민국의 주인으로서 자신의 대표자를 정하는 중요한 결정을 해야 한다. 민주 시민으로서 우리는 중요한 결정을 하기 위해 다양한 관점을 수용할 수 있는 능력과 의지를 갖춰야 할 책임과 의무가 있다.

결국, 다양한 관점들이 드러날 수 있도록 발언이 안전한 환경을 만드는 일은 나를 위해, 조직을 위해, 우리 사회를 위해, 꼭 이루어야 할 전제 조건이다.

리더의 역할과
소통 목적

소통은 리더십의 중요한 덕목으로 강조되고 있다. 리더들은 소통을 위해 다양한 노력을 기울인다. 다양한 구성원을 만나 대화를 시도하고, 조직의 다양한 목소리를 듣고, 접점을 넓히기 위해 노력한다.

이런 리더들을 만나 소통을 한 팔로워들은 리더에게 자신의 의견이 전달된 만큼, 그가 자신의 요구를 들어줄 거라고 기대한다. 하지만 이내 실망하고 이렇게 말한다. "결국은 자기 마음대로 할 거면서 왜 소통을 하자고 쇼를 하지?"

그런데 리더는 구성원의 말을 다 실현시키고자 그들과 소통하는 것일까? 또, 내가 리더에게 전달한 의견은 리더가 다 실현시켜 줘야 마땅한 것일까?

리더는 결정을 하는 사람이다. 리더가 의견을 듣는 이유는 조직을 위해 좋은 결정을 하기 위해서이지 구성원의 민원을 들어주기 위해서가 아니다. 리더의 결정은 조직에 큰 영향을 미치기 때문에 리더는 결정에 늘 신중해야 한다. 그리고 좋은 결정을 내리기 위해 최선의 노력을 다해야 한다.

이때 소통은 좋은 결정을 내리게 하는 중요한 도구가 된다. 다른 생각, 다른 입장을 가진 주체들과 소통함으로써 자신의 결정이 미칠 결과를 예상하고 점검할 수 있기 때문이다. 그래서 귀를 열고 듣는 것이다.

어떤 결정을 할 것인지는 전적으로 리더의 몫이다. 그리고 그 결정의 책임 또한 리더의 몫이다. 결정은 그래서 리더의 능력을 보여 준다. 리더십을 기르고 싶다면 리더의 결정을 보면서 리더가 어떤 의견을 왜 수용하고 수용하지 않았는지를 따져 보면서 나라면 어떤 결정을 왜 내릴까 생각해 볼 필요가 있다.

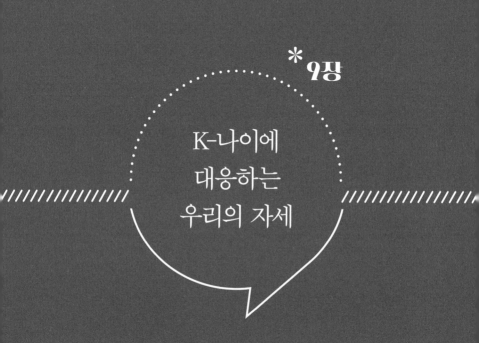

*9장

K-나이에
대응하는
우리의 자세

전 국민의 인사말, "몇 살이세요?"

아이들이 처음 만나면 무슨 말을 할까?

소개할 두 개의 영상이 그 답을 보여 준다. 하나는 6살인 두 여자아이가 처음 만나는 장면을 담은 영상이고,[21] 다른 하나는 6살 여자아이와 10살 남자아이가 처음 만나는 장면이 담긴 영상이다.[22]

6살인 두 여자아이가 처음 만나는 영상부터 살펴보자. 처음 만난 두 아이는 서로 얼굴을 쳐다보며 잠시 어색한 침묵의 시간을 갖는다. 이윽고 한 아이가 "안녕?" 하고 먼저 인사를 건넨다. 상대 아이 역시 "안녕"이라고 응답한 뒤 바로 이어 묻는다.

"너, 몇 살이야?" 이 질문에 "난 여섯 살"이라는 대답이 돌아오고, 나이를 물었던 아이가 말한다. "나도 여섯 살인데." 반갑게 이어지는 답변. "동갑이다!" 이후 더 이상 나눌 말이 없는지 잠시 말이 끊겼다가 한 아이가 "이따가 같이 놀래?"라고 제안하고 그 말이 반갑다는 듯 다른 아이는 바로 그러자고 한다. 이어 두 아이는 가위바위보 등을 하며 함께 놀기 시작한다.

다음 영상은 나이 차이가 나는 두 아이, 6살 여자아이와 10살 남자아이의 첫 만남을 담고 있다. 두 아이 역시 어색한 듯 서로를 보며 잠시 침묵한다. 그러다 10살 남자아이가 먼저 손을 흔들어 인사를 건네고 6살 여자아이도 그 인사를 받고 손을 흔든다. 그러자 남자아이가 어색하게 묻는다. "몇 살이니?" 여자아이가 "나는 여섯 살이야"라고 답하고 잠시 침묵하다 이내 묻는다. "오빠는 몇 살이야?" 이번에는 남자아이가 10살이라고 답한다. 그리고 다시 침묵이 흐르자 이번에도 남자아이가 먼저 여자아이에게 어느 유치원에 다니는지 묻는다. 여자아이가 유치원 이름을 말하자 남자아이는 고개를 끄덕이더니, 이제 함께 놀아 줘야겠다고 생각했는지 가위바위보를 할 줄 아느냐고 묻는다. 그 뒤 두 아이는 가위바위보를 하다가 서로 다른 놀이를 제안하기도 하며 한층 가까워진 모습으로 함께 시간을 보낸다.

앞서 소개한, 처음 만난 두 아이를 담은 두 개의 영상 모두에서 아이들이 인사를 한 후에 가장 먼저 한 말은 "몇 살이야?"

였다. 서로에게 가장 궁금한 것이 바로 '나이'였던 것이다. 흥미로운 점은 아이들 중 어느 누구도 상대의 이름을 끝까지 묻지 않는다는 것이다. 상대의 나이는 궁금해해도 이름은 궁금해하지 않았다. 아이들에겐 이름보다 나이가 서로에게 더 중요한 정보였던 셈이다. 왜 아이들은 처음 만나서 나이를 묻는 것일까?

초면에 나이부터 묻는 이상한 나라

그런데 초면에 나이를 묻는 것은 단지 아이들만이 아니다. 청소년들도, 성인들도 또래를 처음 만났을 때 가장 먼저 상대의 나이 정보를 알고자 한다. 단지 묻는 시점과 방법이 다를 뿐이다. 즉, 나이가 많아질수록 좀 더 늦게, 더 간접적으로 물을 뿐이다. 특히 묻는 방법은 연령이 높을수록 다양해진다. 몇 살인지를 직접 묻기보다는 상대의 배경에 따라 중·고등학생이라면 몇 학년인지를, 성인이라면 상대의 직업 정보를 바탕으로 몇 년생인지, 몇 학번인지, 무슨 띠인지 혹은 특정 국가적 행사가 있었을 때 뭘 했는지 등과 같이 간접적이고 우회적인 방법으로 나이 정보를 알아낸다.

초면에 서로의 나이 정보를 알아내기 위해 이것저것 묻는 일이 우리에게는 그리 낯선 일이 아니지만 한국 문화에 익숙하지 않은 사람들의 눈에는 매우 이상하게 비치는 것 같다. 2022년 1월 영국의 BBC Travel에는 대한민국을 여행지로 소개하는 기사가 실렸다. 그런데 그 기사의 제목이 흥미롭다.

'Where asking someone's age isn't rude'

BBC는 대한민국을 '나이를 물어도 무례하지 않은 곳'으로 소개하고 있다. 이 말을 달리 해석하면 다른 나라에서는 나이를 묻는 것이 무례한 일이라는 뜻이 된다. 실제로 한국 문화에 익숙하지 않은 외국인들이 한국에 와서 가장 이상하고 불쾌하다고 이구동성으로 이야기하는 것이 초면에, 친하지도 않은데 나이를 묻는 것이다. 외국인들의 인터뷰를 보면 처음 만난 한국인들이 나이를 물어서 당황했다는 말을 꽤 자주 들을 수 있다.

사실이다. 한국인들은 전 세계에서 가장 상대의 나이를 궁금해하는 사람들이라고 해도 과언이 아니다. 또, 한국인들만큼 나이에 민감한 사람들도 아마 없을 것이다. 실제로 우리 대부분은 처음 사람을 만나면 나이부터 궁금해한다. 자기도 모르게 마음속에 말풍선이 뜬다. '저 사람은 몇 살일까?' 특히 자신과 비슷한 연령대의 사람을 만나면 더더욱 그렇다.

이런 특징은 인터넷 검색을 통해서도 드러난다. 유명인 혹은 화제의 인물을 검색해 보면 연관 검색어에 '나이'가 꼭 등장한다. 정치인이든 연예인이든, 한국인이든 외국인이든, 그 대상이 누구든 한국 사람들은 인물과 관련된 가장 중요한 정보로 '나이'를 생각하는 듯하다.

한국에서만 통용되는 나이 셈법 '세는나이'

나이와 관련하여 또 한 가지 빼놓을 수 없는 것이 있다. 바로 나이 셈법이다. 2023년 6월 28일 만 나이 통일법이 시행되었지만, 세는나이는 우리 일상에서 여전히 사용되고 있다. 그런데 전 세계적으로 세는나이가 여전히 사용되고 있는 곳은 한국어 문화권이 유일하다. 원래 세는나이는 동아시아 한자문화권의 공통적인 나이 셈법이었다. 과거 동아시아 한자문화권에서는 음력 1월 1일을 기준으로 모두 함께 한 살씩 나이를 먹었다. 만 나이는 각자의 생일에 한 살씩 나이를 먹지만, 세는나이는 새해의 시작으로 삼는 시점에 모두 함께 나이를 먹는다.

세는나이의 종주국인 중국은 1960~70년대 문화대혁명을 통해 양력을 받아들이면서 세는나이를 버리고 만 나이로 나이 셈법을 바꿨다. 일본과 베트남 역시 세는나이를 버리고 현재는 만 나이로 나이를 세고 있다. 하지만 한국어 문화권은 세는나이를 포기하지 않았다. 양력을 받아들이며 일반적으로 나이를 먹는 시점이 음력 1월 1일에서 양력 1월 1일로 바뀌었을 뿐이다. 즉, 태어나자마자 1살이 되고 매년 1월 1일에 한 살씩 더해진다. 외국에서는 지구상에서 유일하게 한국에서만 통용되는 이 세는나이를 일명 'Korean age'라고 부른다.

그러다 보니 나이 셈법에 대해 불만을 가진 사람이 많았다. 그들이 세는나이의 문제점으로 지적한 사항은 다음과 같다. 첫째, 세는나이를 대한민국에서만 사용하고 있어서 국제 표준에 어긋난다. 그래서 외국인에게 자신의 나이를 말할 때 두 가지로 소개하거나 한국식 셈법으로 소개해서 상대를 혼란스럽게 한다. 둘째, 12월 31일에 태어난 아이의 경우 다음 날인 1월 1일에 두 살이 된다. 태어난 지 이틀 만에 두 살이 되는 불합리하고 우스꽝스러운 일이 벌어진다. 셋째, 나이 셈법이 복잡해서 의사소통의 문제가 생긴다. 일상에서는 세는나이를 쓰지만 법적으로는 만 나이를 사용하는 바람에 매우 혼란스럽다.

이런 불만이 특히 공론화된 것은 2015년 말이었다. 새해를 앞둔 2015년 12월 말에 갑자기 많은 언론이 앞서 지적한 문제점들을 내세워서 세는나이의 불합리를 논하기 시작했다. 시의성 있는 주제이니만큼 언론 보도는 연초까지 이어졌고, 급기야 2016년 설이 지난 지 며칠 되지 않은 시점에는 세는나이에 대한 여론조사 결과가 보도되기까지 했다. 여론조사 전문기관 리얼미터가 전국 19세 이상 성인 529명을 대상으로 조사한 결과였다. 한국식 나이, 즉 세는나이를 유지하자는 의견과 만 나이로 통일하자는 의견 중 무엇을 지지하는지를 묻는 설문이었다. 설문 결과 한국식 나이를 유지하자는 쪽은 46.8%, 만 나이로 통일하는 것이 바람직하다는 쪽은 44.0%로 그야말로 백중세였다.

그 뒤 세는나이 폐지와 만 나이 통일 문제는 연초마다 등장하는 소위 '떡국 뉴스'가 되었다. 나이 셈법 논란이 특정 시기만 되면 늘 등장하는 시절 뉴스의 하나로 자리 잡은 것이다.

대통령님,
한국식 나이 셈법 좀 없애 주세요!

세는나이에 대한 불만은 문재인 정부에서 운영했던 국민청원의 단골 청원 주제이기도 했다. 한국식 나이 셈법의 불합리한 점을 지적하며 한국식 나이 셈법, 즉 세는나이를 없애야 한다는 청원이 게시판에 자주 등장했다. 국민청원 게시판이 운영된 지 약 6개월 정도 지난 시점에 한국식 나이 셈법에 불만을 토로하는 국민청원이 100건을 넘었다는 보도를 확인할 수 있다.[23]

나이 셈법 통일이 대통령 공약이 되는 나라

급기야 만 나이 통일법은 제20대 대통령 선거의 공약으로 등장해 특히 젊은 유권자들의 지지를 받았다. 20대 대통령 선거에서는 코로나로 인해 선거 유세가 어려워지면서 인터넷을 기반으로 한 새로운 선거 운동이 확산되었다. 그중 당시 이준석 국민의힘 대표가 기획한 '59초 영상 공약'은 젊은 유권자를 겨냥한 선거 운동으로 많은 화제가 되었다. 특히 주목받았던 영상 중 하나가 바로 '만 나이 통일'을 주제로 한 것이었다. 만 나이 통일 공약은 2022년 1월 17일 '59초 영상 공약'을 통해 낸 아홉 번째 공약이었다.

제20대 대통령 선거에서 윤석열 후보가 당선되면서 대통령직 인수위원회는 2022년 4월 기자회견을 통해 선거 공약 중 하나였던 만 나이 통일 방안을 발표한다. 이어 5월 17일 유상범 국민의힘 의원이 대표 발의한 '만 나이 통일' 법률안은 12월 8일 국회를 통과한다. 이 법은 12월 27일 공포되었고 이듬해인 2023년 6월 28일부터 시행되었다.

시민 대부분은 만 나이 통일법의 시행을 환영했다. 언론은 한두 살씩 어려지게 되었다고 기뻐하는 시민들의 반응을 전했다. 만 나이로의 통일이 국제 표준에도 맞아서 나이 셈법으로 인한 혼란을 줄일 수 있다고도 했다. 아울러 만 나이 사용은

대한민국에 존재하는 '나이 지상주의의 꼰대 문화'를 없애는
데도 기여할 것이라는 분석을 전하기도 했다.

만 나이 통일법에 대한 시민들의 생각은 법제처가 해당 법의
국회 통과를 앞두고 실시한 설문 조사 결과를 통해서도 확인
할 수 있다. 2022년 9월 22일 법제처는 '국민 81.6%, "만 나이
통일 법안 신속히 처리돼야"'라는 제목의 보도자료를 낸다. 9월
5일부터 18일까지 14일 동안 국민신문고 국민생각함을 통해 실
시한 '만 나이 통일'에 대한 국민 의견 조사 결과를 정리한 자료
였다. 보도자료에 따르면 '만 나이 통일법의 신속 통과가 필요
한가'라는 물음에 응답자 총 6,394명 중 81.6%인 5,216명이 긍
정적인 의견을 냈고, 통과·시행 후 일상생활에서 만 나이를 사
용할 의향이 있는지를 묻는 질문에 86.2%인 5,511명이 사용하
겠다고 응답한 것으로 나타났다.[24]

이미 60년 전에 이룬 만 나이 통일

하지만 놀랍게도 만 나이 통일은 그 공약이 만들어지기 무
려 60년 전인 1962년 1월 1일에 이미 이루어진 바 있다. 1961년
민법이 개정되면서 이듬해인 1962년 1월 1일부터 시행되었다.
실제로 1961년 12월 29일 자 경향신문의 제목은 '새해부터 나

이를 만으로 통일'이다.

만 나이 통일법이 시행되고 며칠 후인 1962년 1월 3일 자 조선일보 가십난은 바뀐 나이 셈법에 대한 풍경을 다음과 같이 전하고 있다.

'한 살 젊어진 것이 모두 무척 즐거운 모양이니 누가 고안했는지 모르나 연령을 만으로 계산하라고 영을 내린 사람은 새해 복 많이 탈 사람임에 틀림없다.' (조선일보 1962년 1월 3일 자 4면 〈계륵〉)

60년 전이나 60년 후나 만 나이 통일법과 관련된 기사에는 하나같이 전 국민이 한두 살 어려진다, 국제 표준에 드디어 맞추게 되었다는 설명이 빠지지 않는다. 아울러 만 나이 통일로 인해 나이가 젊어질 것을 기뻐하는 시민들의 반응도 꼭 등장한다.

정말 이상한 일이다. 60년 전에 이미 법으로 제정된 만 나이 통일을 마치 없었던 일인 양 다시 하자고 하니 말이다. 온 국민에게 어려지는 기쁨을 주며 모든 사람들의 환영 속에 도입된 만 나이 통일법은 반세기가 훨씬 넘도록 우리의 일상을 바꾸지 못했다. 한두 살 어려진 것을 그렇게 기뻐하던 시민들은 만 나이 통일법이 시행된 지 무려 60년 동안 세는나이를 버리지 않았다. 덕분에 법과 일상의 나이는 여전히 다르다. 법적으로는 통일이 되었지만, 일상이 법과 통일을 이루지 못한 것이다.

그런데 시민들은 이 문제를 단순히 제도가 정립되지 않은 탓이라고 여긴 듯하다. 이는 법과 일상의 나이를 통일하기 위해 만 나이 통일법이 필요하다는 생각으로 이어졌고, 결국 대선 공약이 되기까지 했다. 그 공약을 내세운 후보자는 대통령이 되었고 만 나이 통일법은 대통령직 인수위원회를 거쳐 같은 당 국회의원에 의해 법률안으로 만들어져 국회를 통과했고 시행까지 되었다.

만 나이 통일법을 선거 공약으로 제안한 정책위원장도, 그 제안을 받아들인 대통령 후보자도 모두 법을 전공한 법조인이다. 대통령직 인수위원회와 국회에도 법조인이 상당수다. 심지어 '만 나이 통일법'을 대표 발의한 의원도 법조인 출신이다. 게다가 법이 발의되면 법률가들의 검토를 받게 된다. 법조인들이 설마 법적으로 이미 나이가 만으로 통일되어 있다는 사실을 몰랐을 리 없다.

그렇다면 법을 어떻게 바꿔야 일상을 법과 통일시킬 수 있다는 것인가? 법을 지키지 않는 경우 불이익을 주는 것 외에 별다른 방법이 있을까? 일상에서 세는나이를 사용하면 벌금이라도 물게 하겠다는 것인가? 만약 그런 법을 만든다면 시민들의 저항이 만만치 않을 텐데 말이다. 법에 대한 특별한 지식이 없어도 만 나이 통일법은 정말 말도 안 되고 실체가 전혀 없는 법이라는 것을 알 수 있다.

새로 만들어진 만 나이 통일법의 내용을 보면 그 허상을 똑똑히 확인할 수 있다. 다음은 2023년 12월 8일 국회를 통과한 일명 '만 나이 통일법'이 제안한 개정 법률안의 신·구조문대비표다. 왼쪽은 민법, 오른쪽은 행정기본법이 일명 '만 나이 통일법'에 의해 개정되는 내용을 담고 있다.

현 행	개 정 안	현 행	개 정 안
第158條(年齡의 起算點) 年齡計算에는 出生日을 算入한다.	제158조(연령의 계산과 표시) ①연령의 계산은 만(滿) 나이로 한다. ②만 나이는 출생한 날을 포함하여 계산한 연수(年數)로 표시한다. 다만, 1세에 이르지 아니한 경우에는 개월 수로 표시한다.	제2절 기간의 계산	제2절 기간 및 나이의 계산
		〈신설〉	제7조의2(행정에 관한 나이의 계산 및 표시) ① 행정에 관한 나이의 계산은 다른 법령 등에 특별한 규정이 있는 경우를 제외하고는 만(滿) 나이로 한다. ② 만 나이는 출생한 날을 포함하여 계산한 연수(年數)로 표시한다. 다만, 1세에 이르지 아니한 경우에는 개월 수로 표시한다. ③ 국가와 지방자치단체는 국민이 만 나이를 사용하도록 권장하고 그에 필요한 홍보를 실시하여야 한다.
제807조(혼인적령) 만 18세가 된 사람은 혼인할 수 있다.	제807조(혼인적령) 18세가 된 사람은 혼인할 수 있다.		
第1061條(遺言年齡) 滿17歲에 達하지 못한 者는 遺言을 하지 못한다.	第1061條(遺言年齡) 17歲에 達하지 못한 者는 遺言을 하지 못한다.		

2023년 12월 8일 국회를 통과한 일명 '만 나이 통일' 법률안의 신·구조문대비표 좌측은 민법 일부 개정법률안, 우측은 행정기본법 일부 개정법률안이다.

신·구조문대비표를 보면 '만 나이 통일법'에 의해 바뀌는 실질적인 내용이 거의 없음을 확인할 수 있다. 민법의 경우 이미 현행법에 연령 계산은 출생일로부터 셈하여 넣는다는 내용이 있다. 그런데 이에 대한 개정안은 연령의 계산을 '만 나이'로 한다는 결국 같은 내용과 만 나이 표시에 대한 설명을 덧붙인 정도다. 그리고 이미 만으로 나이를 계산한다고 설명한 만큼, 다음 조항에서 연령 앞의 '만'이라는 단어를 없앴다. 또, 행정기본법의 경우는 절의 제목을 바꾸고 새로운 조문을 추가했다. 하지만 추가된 조문은 행정을 위한 나이 계산은 특별한 규정이 있는 경우를 제외하고 만 나이로 한다는, 별반 달라진 것이 없는 사실을 천명하는 정도에 불과하다.

만 나이 통일법의 실체는 당연히 빈약할 수밖에 없다. 개정된 민법이 시행된 1962년 1월 1일부터 우리는 이미 만 나이 통일법 속에서 살고 있기 때문이다. 법에 제시된 모든 연령은 출생일을 기준으로 셈한다고 명시되었던 만큼, 법적으로나 행정적으로나 나이의 기준은 1962년 이후 줄곧 만 나이였다. 그럼에도 불구하고 60년 전에 이룬 통일을 60년 만에 다시 하자는 목소리가 힘을 얻어 61년 만에 실체가 없는 통일을 이루는 웃지 못할 일이 벌어진 것이다.

정치인들은 실체도 없는 만 나이 통일법을 대통령 선거 공약으로 만들었고, 그 실체도 없는 만 나이 통일법을 통과시키며 공약을 지켰다고 홍보했다. 시민들에게 실체가 전혀 없는 변화를 큰 혁신인 양 포장한 것이다. 그 과정에서 수많은 법조인이 입을 다물었고 법제처는 실체도 없는 변화를 홍보하기 위해 세금을 낭비했으며, 언론 역시 실체도 없는 변화가 마치 대단한 개혁이라도 되는 양 호들갑을 떨었다. 그리고 시민들은 이런 어이없는 해프닝의 본질을 파악하지 못하고 60년 전과 마찬가지로 한두 살 어려졌다며 기뻐했다.

만 나이 통일법 해프닝은 한국어 사용자들이 모두 함께 나이를 먹어야만 하는 문화적 이유를 파악하지 못한 데서 온 문제다. 즉, 문화에 대한 몰이해의 결과라고 할 수 있다. 같은 관점에서 만 나이가 사용되지 않은 이유 역시 법이 부족해서가 아니라, 모두 함께 나이를 먹어야만 하는 언어 문화의 문제라고 보는 것이 타당하다.

그러니 만 나이로 통일을 해야 한다면 실체도 없는 법을 만들 일이 아니라, 국가적 차원의 캠페인을 통해 시민들의 생각을 바꿔야 한다. 지속적인 문제 제기와 열린 대화를 통해 우리 사회에 팽배한 연령 권력의 문제를 짚고, 만 나이로의 변화가 우리 사회의 이러한 문제들을 해소하는 데 어떤 기여를 할 수 있을지 생각해 볼 기회를 주어야 한다.

세는나이가 사라지지 않는 진짜 이유

이처럼 한국 사람들은 1962년 1월 1일부터 법적으로는 만 나이, 일상에서는 세는나이를 사용해 왔다. 그리고 이미 법적으로는 나이 셈법이 만 나이로 통일되었음에도 불구하고 새삼스레 법적 통일을 해야 한다고 생각했다. 만 나이로 통일해 달라는 국민청원을 냈고, 법적으로 다시 통일하자는 말도 안 되는 선거 공약에 솔깃했으며, 선거 후 법이 시행되자 실체가 없는 법이 통과된 줄도 모르고 61년 전과 똑같이 한두 살 어려졌다며 기뻐했다. 그런데 이렇게 통일에 재통일까지 거친 나이 셈법은 과연 일상을 변화시켰을까? 일상의 나이 셈법은 만 나이로 통일되었을까?

만 나이 통일법 시행 100일을 맞아 2023년 10월 조선일보 '아무튼 주말'이 SM C&C에 의뢰한 설문 조사 결과가 그 답을 말해 준다. 조사에 따르면 일상에서 만 나이로 자신의 나이를 말한다고 응답한 사람이 36.1%에 불과한 것으로 나타났다. 여전히 세는나이로 자신의 나이를 말한다는 사람이 35.6%였으며 연 나이로 자신의 나이를 말한다는 응답도 28.3%나 되었다. 여기서 연 나이란 출생 연도의 나이를 0세로 하고 1월 1일이 되는 시점에 한 살씩 더하는 나이 셈법을 말한다. 모든 사람이 한날한시에 나이를 먹는다는 점에서 세는나이와 차이가 없다. 출생 연도의 나이가 1세인지 0세인지만 다를 뿐이다.

이 조사 결과를 통해, 나이 셈법이 만 나이로 통일에 재통일까지 이루어졌음에도 불구하고 대한민국 사람들은 여전히 일상에서 각자 나이를 먹는 셈법보다는 모두 함께 나이를 먹는 셈법을 선호한다는 사실을 알 수 있다.

그렇다면 이제 우리는 보다 근원적인 질문을 던져 볼 필요가 있다. 왜 대한민국 사람들은 법적으로 이미 1962년 1월 1일부터 만 나이로 통일이 이루어졌음에도 불구하고 이를 자각하지 못하고 다시 만 나이 통일법이 필요하다고 생각했을까? 이와 아울러, 왜 우리는 각자 나이를 먹는 셈법보다 모두 함께 나이를 먹는 셈법을 선호하는 것일까?

그 실마리를 던져 주는 두 가지 사실이 있다. 첫째, 전 세계에서 세는나이가 사용되고 있는 곳은 한국어 문화권뿐이라는 것이다. 앞서 이야기한 바와 같이 동아시아 한자문화권의 오랜 전통이던 세는나이는 서양력이 들어오면서 한반도 이외의 지역에서 모두 사라졌다. 둘째, 남과 북이 모두 만 나이 통일이라는 정부의 방침에도 불구하고 일상생활에서는 세는나이가 여전히 사용되고 있다는 것이다. 새터민들의 증언에 따르면 1986년 김일성이 만 나이 통일을 지시했음에도 불구하고 북쪽의 일상에서도 여전히 세는나이가 사용되고 있다고 한다.

이 두 가지 사실을 통해 우리는 중요한 진실을 발견할 수 있다. 유독 한국어를 사용하고 있는 곳에서만 세는나이가 사라지지 않고 힘을 발휘한다는 것이다. 다시 말해, 세는나이가 우리의 일상에서 없어지기 어려운 근본적인 이유는 법적 통일 등의 제도적 장치가 부족해서가 아니라 한국어만이 갖는 언어적 문제와 관련이 있음을 알 수 있다.

즉, 한국어 사용자들은 모두 함께 나이를 먹는 나이 셈법을 따르지 않고 각자 나이를 먹는 나이 셈법을 따를 때, 언어 사용에 문제가 생길 것을 알기에 일상에서 나이 셈법을 바꾸기 어려웠던 것이다. 아무리 법으로 나이 셈법을 통일한다고 해도 일상을 바꾸기가 어려웠던 이유다. 언어는 일상이고 법은 일상이 아니니 말이다.

나이, 대화를 위한 중요한 정보

한국어 사용자들에게 상대의 나이 정보는 매우 중요하다. 특히, 나이가 어릴 때는 더더욱 나이 정보가 매우 중요하게 작용한다. 이름은 몰라도 되지만 나이를 모르면 서로 말을 할 수가 없다. 앞서 언급한 두 영상 속의 아이들도 처음 만나 인사를 나누더니 곧장 서로의 나이부터 물었다. 하지만 상대의 이름은 모르는 채 헤어졌다.

처음 만난 사람들은 말을 해야 관계를 맺을 수 있다. 말을 주고받으려면 서로를 부를 말이 필요하다. 그런데 한국어의 경우 부를 말을 선택하려면 두 가지 정보가 필요하다. 상대의 나이 정보와 성별 정보가 그것이다. 함부로 누구에게나 '너' 혹은 '야'를 쓸 수 없기 때문이다. '너'나 '야'로 상대를 부르려면 나와 동갑이거나 나보다 어려야 한다. 나보다 한 살이라도 많은데 상대를 '너' 혹은 '야'라고 부르는 건 무례한 일이 된다. 한국어는 공손성의 이유로 2인칭 대명사의 사용을 꺼리는 몇 안 되는 언어이기 때문이다. 즉, '너를 너라고 하기 어려운 언어'다.

상대의 성별 정보는 대충 외적인 모습을 통해 판단할 수 있다고 생각하기 때문에 어지간해서는 묻지 않는다. 오히려 그걸 묻는 것은 실례라고 생각한다. 하지만 나이 정보는 외적인 모습만으로는 정확히 판단하기가 어렵다. 물어야만 알 수 있다.

즉, 상대의 성별은 묻지 않고 판단하고 나이는 물어서 정보를 얻는다.

상대를 부를 말을 결정할 때 성인이 아니라고 판단되면 가족 호칭 중에 동기간 호칭을 확대해서 사용한다. 나와 상대의 나이를 따져서 나보다 같거나 어리면 '야', '너' 등으로 상대를 부르지만, 나보다 나이가 많으면 나와 상대의 성별을 따져서 언니, 오빠, 누나, 형 중 하나를 선택하여 부른다.

이처럼 나와 상대의 나이 차이는 말을 하는 데 있어서 매우 중요한 정보다. 그러니 나와 상대의 나이 차이가 일정하게 유지되지 않으면 문제가 생길 수밖에 없다. 오늘은 동갑이다가 내일은 한 살 차이가 나면 둘의 관계는 달라진다. 관계의 변화는 말의 변화를 가져올 수밖에 없다. 시간에 따라 변하는 관계를 반영하여 말이 계속 달라져야 하니 당연히 불편하다.

같은 해에 태어난 두 여자아이, A와 B가 있다고 하자. A의 생일은 3월 1일이고 B의 생일은 5월 1일이다. A와 B가 4월 1일에 처음 만났다고 하자. 4월에는 A가 B보다 한 살이 많다. 이에 따라 A는 B를 '너' 혹은 '야'라고 부르고 B는 A를 '언니'라고 부르게 된다. 그런데 B의 생일인 5월 1일에 두 아이는 동갑이 된다. 이제 서로 '너' 혹은 '야' 혹은 이름을 부를 수 있다. 하지만 이듬해 3월 1일이 되면 둘은 다시 한 살 차이가 나게 된다. B는 A를 다시 '언니'라고 불러야 한다. 서로의 나이 차이가 일정하지 않으면 이런 문제가 생기는 것이다. 호칭의 안정적 사용을 위해서는 사람들의 나이 차이가 일정하게 유지되어야 한다.

한편 성인이 되면 나이 정보는 더 중요해질 수 있다. 호칭은 물론 말끝이 나이 정보에 의해 결정되기 때문이다. 물론 합의에 의해 상호 존대를 하거나 상호 평대를 할 수도 있다. 하지만 일반적인 경우 사적으로 친밀한 사이가 되면 한 살이라도 나이가 많은 쪽은 반말을, 한 살이라도 어린 쪽은 존댓말을 사용한다. 이런 상황에서 나이 차이가 일정하게 유지되지 않으면 말이 매우 복잡해진다. 동갑일 때는 서로 존대하든 평대하든 상호 간에 합의만 있으면 문제가 없지만, 나이 차가 생기는 순간 어려진 쪽은 존댓말을 써야 하니 말이다. 나이 차에 따라 말끝을 바꿔야 하니 몹시 번거로울 것이다. 그러니 안정적인 말하기를 위해서도 상대와의 나이 차이는 일정하게 유지되어야 한다.

이것이 바로 한국어 사용자들이, 모든 사람이 함께 나이를 먹는 나이 셈법인 세는나이를 포기할 수 없는 진짜 이유다. 그리고 동시에 일상에서 각자가 다른 시점에 나이를 먹는 만 나이가 사용되기 어려운 이유이기도 하다.

일상화된
연령 차별 표현

연령 차별 문제에 대해 강연을 하고 난 후에는 질의응답 시간이 항상 풍성하다. 누구나 일상에서 쉽게 경험하는 일인 만큼, 자신의 생각 혹은 경험을 나누고자 하는 이들의 발언이 이어진다. 정말 다양한 이야기가 오가는 활발한 시간이다.

다음에 나오는, 리사라는 이름을 가진 아이와 엄마의 일화도 대학 동기 모임에서 했던 짧은 강연 후 한 동기가 들려준 이야기다.

리사는 종이접기에 흥미를 가진 아홉 살 아이다. 열심히 종이접기를 연습하던 리사가 하루는 멋진 작품을 만들어 엄마에게 보여 주었다. 리사의 엄마는 리사의 종이접기 실력을 보고 감탄하며 이렇게 칭찬을 했다고 한다.

"종이접기를 이렇게 잘하는 우리 리사는 정말 아홉 살 같아요."

엄마의 칭찬에 신이 난 리사는 흡족한 표정을 지으며 기쁨을 감추지 않았다.

그렇게 며칠이 지난 어느 날 엄마는 리사에게 맛있는 음식을 해 주었다. 리사는 음식을 먹고 너무 맛이 좋았던지 엄마의 요리를 칭찬해 주고 싶었던 모양이다.

"요리를 잘하는 우리 엄마, 정말 마흔 살 같아요!"

리사와 엄마는 똑같은 방법으로 서로를 칭찬했다. 그런데 리사에게 한 엄마의 말은 칭찬이지만 엄마에게 한 리사의 말은 칭찬으로 들리지 않는다. 나이를 언급하는 것이 리사에게는 칭찬이 되지만 엄마에게는 칭찬이 될 수 없는 것이다. 리사와 엄마의 이 일화는 '나이'에 대한 우리 사회의 인식을 그대로 잘 보여 준다.

우리는 이 일화를 통해 두 가지를 생각해 볼 필요가 있다.

하나는 연령 비대칭적 사용을 요구하는 표현이 가져오는 부정적인 효과다. 한국어에는 연령 비대칭적으로 사용되는 표현이 다수 존재한다. 이런 표현들은 사용자들로 하여금 연령이 권력임을 학습하게 한다. 그리고 학습된 생각은 언어 사용을 통해 강화된다. 이를 통해 연령 차별을 일상화하고 차별 감수성을 마비시킨다.

또 다른 하나는 우리가 일상에서 무심코 사용하는 '나이답게' 혹은 '나이답지 못하게'와 같은 표현이 자신의 나이를 지나치게 의식하게 하는 문화를 만든다는 점이다. 과거에 비해서는 많이 좋아졌지만 여전히 우리 사회에는 특정 나이에 이루어야 할 과업과 목표의 목록이 너무나 구체적이고 획일적이다. 몇 살에는 뭘 해야 하고 몇 살에는 뭘 해야 하고 하는 식으로 말이다. 나이에 따른 이러한 획일적인 과업과 목표 설정은 소위 '정상성'을 강제하게 된다. 다양성을 받아들이고 포용성을 키우는 방향으로 나아가고자 하는 우리 사회에 큰 걸림돌이 아닐 수 없다.

혼란스러운 나이 표현,
어떻게 말하면 좋을까

이제 우리는 만 나이가 일상에서 사용되지 않는 이유가 한국의 언어 문화 특성에 있음을 알게 되었다. 국회는 실체도 없는 만 나이 통일법을 만들었고 정부는 실체도 없는 만 나이 통일법을 홍보하며 일상에서 세는나이를 버리고 만 나이를 쓰라는 메시지를 전했다. 법의 시행에 앞서서는 시민의 86.2%가 일상에서 바로 만 나이를 쓰겠다고 했지만, 법의 시행 100일 후 조사에서 만 나이를 쓴다는 응답은 36.1%에 불과했다. 시민 대다수가 세는나이를 여전히 포기하지 않고 있는 것이다.

우리는 이제 질문을 던져야 한다. 법과 일상의 나이 셈법이 반드시 통일될 필요가 있을까? 일상에서 통용되고 있는 세는 나이를 꼭 폐지해야만 할까?

세는나이 폐지론의 세 가지 근거

이에 답하기 위해 세는나이를 없애야 한다는 주장의 근거를 다시 살펴볼 필요가 있다. 앞서 언급한 바와 같이 세는나이를 폐지해야 한다고 주장하는 사람들은 다음 세 가지 이유를 들고 있다. 첫째, 세는나이는 대한민국에서만 사용하고 있어서 국제 표준에 어긋난다. 둘째, 12월 31일에 태어난 아이가 다음 날인 1월 1일에 두 살이 되는 불합리한 점이 있다. 셋째, 일상에서는 세는나이를 쓰지만 법적으로는 만 나이를 사용하는 바람에 혼란스럽다.

먼저 국제 표준에 어긋나는 문제부터 따져 보자. 우리가 따르지 않는 국제 표준은 일상이지 법이나 행정, 의료 등이 아니다. 따라서 국제 표준을 따르지 않아서 문제가 되는 경우는 외국 사람들을 만나서 서로의 나이를 확인할 때가 대부분일 것이다. 하지만 사실상 외국 사람들을 만나서 나이를 밝혀야 하는 상황은 생각만큼 많지 않다. 외국 사람들은 상대의 나이를 반드시 알아야 하는 필수 정보라고 생각하지 않기 때문이다.

본인이 먼저 말하지 않는 한, 그들이 먼저 나이를 묻는 일은 거의 없다. 설령 외국인이 나이를 묻는 상황이라도 문제는 없다. 그냥 세는나이를 말해도 그만이고 세는나이에서 한 살을 빼고 말해도 그만이다. 만 나이와 한두 살 오차가 나더라도 문제가 되지는 않는다는 뜻이다. 그게 마음이 걸린다면 세는나이를 말하고 한국의 나이 셈법에 대해 말해 주면 된다. 그조차 번거롭다면 자신의 생년을 말하면 그만이다. 물론 외국에서 살게 된다면 외국의 문화를 따라서 만 나이를 사용하는 것도 방법이다. 마치 영어권에 살면서 성과 이름의 순서를 바꿔 말하는 것처럼 말이다.

두 번째 문제도 사실은 큰 문제가 아니다. 태어난 지 얼마 되지 않은 아이는 말을 하지 못하니, 이는 아이의 문제가 아니라 양육자나 보호자의 문제일 것이다. 게다가 아기의 나이는 햇수로 말하지 않는다. 처음에는 며칠, 조금 지나서는 몇 개월로 말한다. 아이가 자라서 말을 하게 되기 전까지는 개월 수로 나이를 표현하는 것이 일반적이다.

그렇다면 두 번째 문제를 제기하는 사람들은 12월 31일 생이 하루 만에 한 살을 더 먹는 것 자체가 불만이 아니라, 그냥 먹어 버리는 나이 때문에 오는 불이익이 불만인 것이다. 내가 12월 31일 생이라면 남보다 일찍 나이 한 살을 더 먹고, 그 나이에 맞춰 사는 것이 불만일 터다. 또, 상대 입장에서는 자신보다 한 살 많은 사람이 12월 31일 생이라는 것을 알게 되면 며칠 차이도 안 나는데 손위 동기간 호칭을 써야 하는 것이 불만일 터다. 그러니까 이것은 나이 자체에 대한 불만이 아니라 나이로 인한 언어 문화에 대한 불만인 것이다.

이제 세 번째 문제로 넘어가 보자. 일상의 나이와 법적 나이가 다른 데서 오는 의사소통의 문제다. 우리는 병원에 갔을 때 만 나이를 몰라서 당황하거나 불편함을 느낀 기억이 없다. 의료적으로도 만 나이가 사용되지만 왜 우리는 병원에서 불편함을 느끼지 않는 것일까? 병원에서는 우리 스스로 나이를 밝힐 필요가 없기 때문이다. 신분증을 제시하면 생년월일 정보가 파악되어 만 나이가 자동 계산되고, 그 정보가 의료진에게 전달되는 시스템으로 운영된다. 약국에서도 약봉지에 만 나이가 자동으로 찍힌다.

행정적으로도 마찬가지다. 이미 대부분의 행정 문서는 생년월일로 관리되고 있다. 생년월일을 적으니 굳이 만 나이를 적을 필요가 없다. 생년월일 정보를 통해 만 나이가 자동 계산되기 때문이다. 만약 나이를 적어야 하는 행정 문서가 있다면 시민들의 편의를 위해 생년월일을 적도록 고치면 된다.

일상의 문서도 마찬가지다. 주민등록번호 앞자리를 적게 하면서 나이를 적는 난을 별도로 두는 것은 불필요하다. 만 나이를 계산해 기재할 것을 강요하는 것은 자국어와 자국 문화에 대한 이해 부족과 행정편의주의적 관점이다. 공적으로 만 나이로 소통해야 한다면 생년월일로 소통을 하면 된다. 만 나이 때문에 스트레스를 받을 이유가 없다.

이처럼 위의 세 가지 이유는 세는나이를 버려야 하는 설득력 있는 이유가 되지 못한다. 결국, 세는나이에 대한 진짜 불만은 세는나이 셈법 자체의 문제도 아니고 나이 셈법이 통일되지 않은 데서 오는 일상의 불편함이나 불합리가 아님을 알 수 있다.

나이 셈법 문제의 핵심

그렇다고 일상에서 세는나이를 고집하고 세는나이를 지키자는 뜻은 아니다. 문제의 핵심을 잘 짚어야 한다. 세는 나이가 사라지지 않는 이유, 세는나이에 불만을 갖는 진짜 이유는 나이 서열을 사람의 서열로 생각하는 문화에 대한 불만임을 알아야 한다는 뜻이다. 그리고 이 모든 문제의 이면에 나이에 기반한 호칭어 사용과 높임법 실현 등 현재 한국어에 담긴 한국 문화가 자리 잡고 있음을 알아야 한다. 언어 문화의 근본적인 개선은 언어 사용자들의 문제의식과 그에 대한 공감, 그리고 그 공감을 바탕으로 한 변화를 통해 이루어지는 것이지 법을 바꿔서 될 일이 아니라는 점을 짚고 싶다.

앞서 말했듯이 세는나이에 대한 진짜 불만은 우리 사회에 존재하는 수직적 나이 문화에 대한 불만이다. 하지만 우리 사회에 존재하는 불합리한 나이 위계 문화의 원인은 나이 셈법 탓이 아니다. 진짜 원인은 언어에 있으며 언어의 문제가 일상의 나이 셈법인 세는나이를 버리지 못하게 한 것이다. 따라서 언어 문화에 대한 성찰과 이를 바탕으로 한 변화가 없다면 나이 셈법을 아무리 통일, 재통일, 재재통일을 해도 세는나이는 사라지지 않을 것이다.

잘못된 진단은 잘못된 치료법을 낳을 수밖에 없다. 법이 없어 만 나이로 나이 셈법이 통일되지 않고 있다는 잘못된 진단은 실체도 없는 '만 나이 통일법'을 만들어 통과시키는 우스꽝스러운 결과를 낳았다. 만약 알고도 오진을 했다면 기만이고 모르고 오진을 했다면 무지의 소산이다.

그럼 이제 한국어에 담긴 나이와 관련된 생각을 톺아볼 필요가 있다.

한국어에 담긴 나이에 대한 생각

언어는 사회적 약속이기에 그 사회의 주류적 생각이 투영되게 마련이다. 그리고 언어에 투영된 그 생각은 매일매일의 사용을 통해 일상화되고 고착되어 다시 주류의 생각을 만들어 간다. 나이에 대한 우리의 생각도 마찬가지다. 나이에 대한 우리 사회의 생각이 언어의 작동 원리에 투영되고, 매일매일의 언어 사용을 통해 일상화된다. 나이의 위계를 사람의 위계로 여기던 과거 우리의 생각이 한국어 문법에 반영되어 호칭어의 선택과 높임법의 실현을 통해 현재로 이어지고 있다.

이러한 한국어의 문법은 우리로 하여금 자연스럽게 나이가 많은 사람을 '윗사람, 손윗사람, 높은 사람'이라고 생각하게 하고, 나이가 어린 사람을 '아랫사람, 손아랫사람, 낮은 사람'이라고 생각하게 한다. 우리가 자기도 모르게 나이의 위계를 사람의 위계로 생각하는 경향을 갖게 되는 이유가 바로 이러한 한국어 문법의 문제로부터 비롯된 것이다. 신분제 사회에서 문법을 결정하던 '신분의 위계'가 신분제의 폐지 이후 장유유서의 세계관을 바탕으로 '연령의 위계'로 대치된 탓이다.

언어가 무서운 것은 이처럼 매일매일의 사용을 통해 언어에 숨어 있는 생각들을 일상화함으로써 당연한 것으로 만들어 버린다는 데 있다. 일상화된 생각은 문제의식을 갖기 어렵게 한다. 이로 인해 현재 우리는 나이의 위계를 사람의 위계로 생각하는 것을 당연시한다. 나이의 서열이 사람의 서열이라는, 언어가 가르쳐 준 생각을 너무나 자연스럽게 받아들이고 있는 것이다. 특히 자신이 당사자가 아닌 경우에는 더더욱 그렇다.

문제는 나이 위계가 평등 의식과 충돌한다는 데 있다. 평등의 가치를 추구하는 대한민국에서 나이의 많고 적음이 사람의 높고 낮음을 결정하지 않는다. 하지만 이러한 생각의 충돌은 분열적 자아를 형성하게 하기도 한다. 자신이 나이가 많은 경우에는 별다른 문제의식 없이 나이가 많은 나는 윗사람이고 나이가 어린 너는 아랫사람이라 생각하던 사람도, 나이가 많은 상대방이 나이가 어린 나를 아랫사람으로 대접하는 것에는 문제의식을 갖는다. 즉, 내가 나이가 많을 때는 윗사람 대접을 받는 것이 당연하지만, 내가 나이가 어리다고 아랫사람 취급을 당할 때는 평등의 가치에 비추어 부적절하다고 생각하는 것이다. 이러한 생각의 충돌은 우리 사회 갈등의 중요한 문제로 작용한다. 우리 사회에 세대 간 갈등이 특히 심각한 이유 또한 언어에 의해 일상화된 연령 차별의 문제와 무관하지 않다.

여러 번 말하지만, 언어는 이렇게 인간의 모든 것에 대한 모든 것이다.

민감한 건 과연 나이뿐일까

우리가 나이에 민감한 것뿐 아니라 차림새에 대한 성별 고정관념이 강한 것 역시 언어와 관련이 있다. '긴 머리는 여자, 짧은 머리는 남자' 등과 같은 외형적으로 드러나는 성별 고정관념이 강하게 굳어지는 데 언어가 큰 역할을 한다는 뜻이다.

한국어 사용자들은 언어를 습득하는 과정에서 상대의 성별도 호칭을 결정하는 데 매우 중요한 정보라는 것을 함께 학습하게 된다. 그리고 그 과정에서 상대의 성별은 묻지 않고도 알아차릴 수 있어야 한다는 것을 암묵적으로 깨우친다. 특히 아이들의 경우, 상대의 성별을 판단하기 위해 차림새에서 드러나는 성별적 차이에 주목한다. 아울러 상대도 자신의 성별을 차림새를 통해 판단할 것임을 알기에 성별 고정관념에 맞는 차림새에 집착하게 된다. "긴 머리는 여자나 하는 거예요", "여자는 너무 짧은 머리를 하면 안돼요"라면서 머리 길이에 민감해하는 이유가 바로 여기에 있다.

만약 일반적인 성별 고정관념에서 벗어나는 차림새로 다녔다가는 만나는 아이들이 자신의 성별과는 어울리지 않는 호칭어로 자신을 부를 테고 그럴 때마다 그 호칭어를 고쳐 주어야 하는 유쾌하지 않은 상황에 놓이게 된다. 게다가 이런 경우 상대방의 일반적인 반응은 그냥 호칭만 바꿔 부르는 게 아니라, 왜 여자의 혹은 남자의 차림새가 그렇냐는 말을 꼭 덧붙인다.

예를 들어 긴 머리 때문에 여자로 오해를 받은 남자아이를 언니라고 부른 여자아이는 남자임을 밝힌 상대에게 오빠라고 호칭을 바꿔 부르면서 꼭 묻는다. "왜 오빠는 남잔데 머리가 길어?"라고 말이다. 매번 이런 상황에 놓이는 것이 아이들에게는 스트레스가될 테니 특별한 이유가 없다면 남자아이는 머리를 기르려 하지 않을 것이다. 옳고 그름의 문제가 아니라 개인의 선택에 관한 문제임에도 불구하고 말이다.

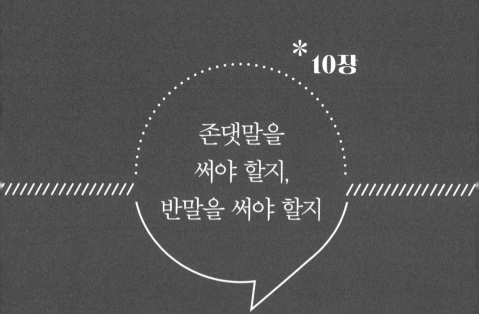

* **10장**

존댓말을
써야 할지,
반말을 써야 할지

높여야 하나, 말아야 하나

박사를 마치고 처음 강단에 섰을 때, 가장 어려웠던 것은 의외로 강의 그 자체가 아니었다. 좀 이상하게 들릴지 모르겠지만 출석을 부르는 일이 강의하는 것보다 훨씬 어려웠다.

출석을 부르려면 이름을 불러야 한다. 그런데 다 큰 대학생들의 이름을 그냥 부르려니 마음이 몹시 불편했다. 그래서 처음에는 출석을 부를 때 이름 뒤에 '씨'를 붙여서 불렀다. "김네모 씨", "이세모 씨" 이렇게 말이다. 그랬더니 학생들이 몹시 어색해했다. 와르르 웃기까지 했다.

다음 시간부터는 '씨'를 빼기로 마음먹었다. 다만 출석을 부르기 전에 "존칭은 생략하겠습니다"라는 말로 양해를 구했다. 하지만 이것도 편치 않았다. 아무도 신경 쓰지 않는 것 같은데 먼저 나서서 양해를 구하는 내 모습이 마치 혼잣말을 중얼거리는 것 같았다. 궁색하단 생각이 들었다.

고민 끝에 그다음 시간부터는 다른 교수들처럼 그냥 '김네모, 이세모'처럼 이름 석 자만 불렀다. 나만 좀 불편하면 다른 사람들이 편하겠구나 싶어서였다. 출석을 부르는 것은 그렇게 정리가 됐다. 그래도 한동안은 출석을 부를 때마다 이름을 그냥 부르는 것이 마음에 걸렸다.

"교수님, 말 좀 놓아 주세요"

하지만 출석보다 더 문제가 된 것이 있었다. 학생들과 강의 이외의 시간에 개인적으로 만났을 때 어떻게 말을 해야 하는가였다.

출석 부르는 일을 해결한 뒤로 강의 중에는 전혀 문제가 없었다. 존댓말로 강의를 진행하는 것에 어색해하는 사람이 아무도 없었기 때문이다. 강의를 하는 나도, 강의를 듣는 학생들도 존댓말이 어색하고 불편하다고 생각하지 않았다. 강의 중에 받은 질문에 답을 할 때도 존댓말을 쓰는 것에 부자연스러움을 느끼는 사람은 아무도 없었다.

하지만 강의 전후에 학생들을 만나 이야기를 나눌 때는 달랐다. 처음에 나는 다 성인들이니 존댓말을 쓰는 것이 옳다고 생각했다. 하지만 오히려 학생들이 내 존댓말을 몹시 불편해했다. 거리감을 느낀다는 것이 특히 문제였다. 여러 번 만나 이야기를 나눈 학생에게 계속 존댓말을 썼더니 이런 말이 돌아왔다. "교수님께서 계속 존댓말을 쓰시니 저를 멀리하시는 것 같아 조금 섭섭해요. 말을 편하게 놓아 주시면 안 될까요?"

내 마음 편하자고 학생들에게 거리감을 느끼게 하는 것은 좋지 않다는 생각이 들어, 그 뒤로는 강의 중이 아니면 수강생들에게 존댓말을 쓰지 않았다. 존댓말을 쓰지 않는 것이 여전히 마음이 걸렸지만 말이다.

마음속 줄다리기

한국어 사용자라면 누구나 한 번쯤은 높임말과 관련된 마음속 줄다리기를 경험했을 것이다. 존댓말을 쓰자니 거리감이 생기고 반말을 쓰자니 마음이 불편하고. 존댓말을 써야 할지 반말을 써야 할지를 두고 마음속 줄다리기를 벌이곤 한다.

예를 들어 동창회에서 삼사십 년 만에 만난, 별로 친하지도 않았고 심지어는 이름도 기억나지 않는 친구를 만났을 때가 그렇다. 말을 놓아야 할지 높여야 할지 고민이 된다. 만나자마자 대뜸 말을 놓는 친구가 딱히 불쾌하지는 않지만 그렇다고 같이 말을 놓자니 아직은 아닌 것 같다는 생각에 망설여진다. 도저히 반말이 안 나와서 말을 계속 높이면 그 친구는 어색해하고 거리감을 느낀다. 서로 어색해지니 대화가 이어지기가 어렵다.

어린아이를 만났을 때도 그렇다. 어린아이라고 대뜸 반말을 하는 것이 내키지 않아서 존댓말을 쓰면 아이가 어색해한다. 상대가 어색해하니 나도 따라 어색해진다. 대화가 잘 이루어질 리 없다. 만약 아이가 반말로 응대하면 분위기가 더욱 이상해진다. 어른은 존댓말을 하고 아이는 반말을 하는 상황이 되기 때문이다. 그래도 둘만 있으면 괜찮은데, 누군가가 곁에서 지켜보고 있다면 마음이 몹시 불편해진다. 내가 먼저 아이에게 존댓말을 쓰는 바람에 나와 이야기하는 아이가 버릇없는 아이로 보이지는 않을지 걱정이 되어서다.

언뜻 생각해서는 존댓말과 반말의 선택 기준은 명확한 듯하다. 하지만 실제 생활에서 우리는 존댓말과 반말 중 어떤 말을 상대에게 사용해야 하는지 망설여지는 상황을 만나곤 한다. 이런 망설임은 말을 불편하게 하고 말이 불편해지면 관계가 불편해진다.

말을 완성하는 데 꼭 필요한 상대 높임

한국어는 높임법이 발달한 언어다. 한국어의 높임법에는 주체 높임, 객체 높임, 상대 높임이 있다. 주체 높임은 말하는 사람과 문장의 주어에 등장하는 인물 사이의 위계 관계를, 객체 높임은 말하는 사람과 문장의 목적어나 부사어에 등장하는 인물 사이의 위계 관계를 따져서 결정된다. 한편, 상대 높임은 말하는 사람과 듣는 사람 사이의 위계 관계를 표시한다.

세 가지 높임법 중에서 가장 중요한 것은 당연히 상대 높임이다. 문장 성분에 등장하는 사람들은 내 앞에 있을 수도 있고 없을 수도 있다. 하지만 내 말을 듣는 사람은 바로 내 앞에 있다. 또, 주체 높임이나 객체 높임은 말하는 사람과 문장 성분에 등장하는 인물과의 위계 관계에 따라 나타나기도 하고 나타나지 않기도 하는 요소다. 반면에 상대 높임은 문장의 종결을 위해 반드시 실현되어야 하는 필수적인 요소다. 즉, 말하는 사람과 듣는 사람의 위계 관계를 모든 문장의 끝에 필수적으로 드러내야 한다는 뜻이다.

말끝을 통해 확인되는 상대와의 관계

그래서 한국어를 적절하게 구사하려면 반드시 내가 지금 누구에게 어떤 상황에서 말하는지를 따져야만 한다. 이를 따져서 상대 높임을 적절하게 실현해야만 적절한 한국어가 된다. 만약 내가 누구에게 어떤 상황에서 말하는지를 알지 못한다면 한국어로는 아주 간단한 말도 할 수가 없다.

예를 들어 밖에 눈이 오는 장면을 목격하고 그 목격한 내용을 옆에 있는 사람에게 이야기하는 상황을 생각해 보자. 영어로는 상대가 누구든 이렇게 말하면 된다.

"It's snowing outside!"

하지만 이 말은 누가 누구에게, 어떤 상황에서 하는 말인지를 모르면 한국어로 적절한 번역을 할 수 없다. 우리가 번역할 수 있는 것의 최대치는 "밖에 눈이 오-"까지뿐이다.

'오-' 다음을 적절히 완성하려면 누가 누구에게 어떤 상황에서 말하는지를 알아야만 한다. 내가 동생에게 말하는 상황이라면 "밖에 눈이 와!" 혹은 "밖에 눈이 온다!"라고 하면 되지만 선생님께 말한다면 "밖에 눈이 와요" 혹은 "밖에 눈이 옵니다"라고 해야 한다. 만약, 동생에게 말하는 상황인데 "밖에 눈이 와요" 혹은 "밖에 눈이 옵니다"라고 하거나, 선생님께 말하는 상황인데 "밖에 눈이 와!" 혹은 "밖에 눈이 온다!"라고 하는 것은 적절한 한국어 번역이 아니다.

이렇듯 한국어는 말하는 사람과 듣는 사람 사이의 관계가 말끝을 통해 확인되는 특징을 지닌다. 그래서 우리는 말끝을 통해 말하는 사람이 나를 어떤 관계로 설정하고 있는지, 또 어떻게 대우하고 있는지를 알 수 있다. 물론, 말하는 사람이 실현한 것과 내가 기대한 것이 일치한다면 전혀 문제가 없다. 하지만 실현과 기대 사이에 거리가 생긴다면 갈등이 빚어질 수밖에 없다. 그 갈등은 직접 표현되지 않을 수도 있다. 하지만 상대가 나의 기대와 다른 대접을, 그것도 낮은 대접을 하고 있다면 그 사람과의 말하기가 즐거울 리 없다.

말의 거리, 말의 계급

실현과 기대 사이의 거리를 느낄 수 있는 대표적인 예가 바로 초면에 대뜸 반말을 듣는 경우와, 이제는 말을 놓아도 될 것 같은데 계속 존댓말을 듣는 경우다. 초면에 상대가 대뜸 반말을 하면 불쾌해지고, 이제는 말을 놓아도 될 것 같은데 상대가 계속 존댓말을 쓰면 서운해진다.

왜 우리는 말에서 이런 감정을 느끼게 되는 걸까?

초면에 대뜸 반말을 하는 것이 불쾌한 이유부터 생각해 보자. 초면은 공손함을 드러내야 하는 상황이다. 그런데 그 상황에서 상대가 대뜸 반말을 하는 것은 "나는 당신을 공손함을 드러낼 필요가 없는 사람이라고 생각합니다"라고 선언하는 것과 같다. 한국어를 쓰는 사람 치고 반말은 비공손을 드러내고 존댓말은 공손을 드러낸다는 것을 모르는 사람은 없다. 그러니 상대의 말대접을 듣고 내가 상대에게 존중받지 못했다고 생각되어 불쾌해지는 것이다.

한편 가까운 사이에서는 굳이 공손함을 드러낼 필요가 없다. 그래서 가족 간에는 나이가 아무리 차이 나도 반말을 쓰는 경우가 많다. 반말 때문에 불쾌해지거나 무시당한다고 생각하지 않는다. 쉬운 예로 자녀의 존댓말 때문에 거리감을 느끼는 부모는 있어도 자녀의 반말 때문에 불쾌감을 느끼는 부모는 없다. 그런데 사석에서 친구 사이에 계속 존댓말을 쓰거나 사제지간인데 스승이 제자에게 계속 존댓말을 쓰는 것은 거리감을 느끼게 한다. 특히 그 친구 혹은 스승이 다른 친구 혹은 제자에게는 반말을 쓴다면 그로부터 존댓말을 듣는 친구 혹은 제자는 더더욱 상대의 존댓말에서 거리감을 느끼게 될 것이다. 아직은 자신을 친밀하게 생각하지 않는구나 싶어 서운해지는 것이다.

이렇게 한국어의 상대 높임법은 말하는 사람과 듣는 사람 사이에 불필요한 감정 소모를 하게 할 수 있다는 점에서 부정적인 요소로 작용할 수 있다. 존중해 주고자 쓴 존댓말이 거리를 두고 싶어 하는 태도로 해석될 수도 있고, 친근함을 드러내고자 쓴 반말이 무시하는 태도로 오해받을 수도 있기 때문이다. 또, 상대가 실현한 높임법에 집중해서 자신을 어떻게 대우하는가에 신경을 쓰느라 말의 내용을 놓치는 일이 흔히 일어나기도 한다.

더욱이 상대에게 사용하는 말의 등급이 상대와 나와의 위계 차이로 오해될 수 있다는 점도 문제다. 존댓말을 하는 사람은 위계가 낮고 반말을 하는 사람은 위계가 높은 사람이라는 잘못된 생각을 하게 만들 수 있다. 한국어 문법을 설명하는 과정에서는 '윗사람, 손윗사람, 높은 사람'에게는 존댓말을, 같거나 '아랫사람, 손아랫사람, 낮은 사람'에게는 반말을 쓴다고 설명한다. 이는 사람의 위계가 존재한다는 생각을 매일매일의 언어 사용을 통해 언어 사용자들에게 각인시킬 수 있다. 그리고 그 위계를 결정하게 하는 가장 큰 요소로 '나이'가 작동하고 있다는 점을 통해 나이의 많고 적음을 사람의 높고 낮음으로 잘못 생각하게 할 수 있다.

갈등의 씨앗이 되는 반말

현재 한국어의 작동 원리는 사람들로 하여금 나이의 많고 적음을 사람의 높고 낮음으로 착각하게 한다. 나이가 어린 사람을 아랫사람이라고 표현하며 나이가 많은 사람이 나이가 어린 사람을 아랫사람 취급을 하는 것이 당연하다고 생각하게 한다. 그러다 보니 나이가 많은 사람이 나이가 어린 사람에게 반말을 할 권리가 있다는 그릇된 생각을 갖게 한다.

흥미로운 것은 자신보다 어린 사람에게 반말을 하는 게 문제가 없다고 생각하는 사람도, 막상 자신보다 나이 많은 사람이 다짜고짜 반말을 하면 몹시 불쾌해한다는 점이다. 같은 사람이라도 자신이 처한 입장에 따라서 완전히 다른 생각을 할 수 있다는 것이 이상하다. 사람은 모두 평등하다는 민주주의적 사고와 언어가 가르쳐 주는 연령 차별적인 생각이 이런 분열적 사고를 갖게 하는 것이 아닌가 한다.

반말로 드러나는 위계 관계

사실 반말은 우리 사회에서 중요한 갈등 요소가 되고 있다. 반말로 촉발된 폭행을 비롯해 예상을 뛰어넘는 다양한 사건들을 신문의 사회 면에서 자주 만날 수 있다.

2020년 11월 강남구의 한 편의점에서 일어났던 사건의 빌미도 바로 반말이었다. 70대 손님이 편의점에 들어와 20대 아르바이트생에게 담배를 주문했다. "○○ 담배." 손님의 이 반말에 아르바이트생은 똑같이 반말로 응수했다. "2만 원." 손님은 "어디다 대고 반말이냐, 내가 너희 아버지보다 나이가 많다"며 화를 냈다. 이에 대해 아르바이트생은 "네가 먼저 반말했잖아"라며 맞섰다. 반말이 이어지자 손님은 격분한 나머지 삿대질과 욕설을 퍼부었다.

결국 이 아르바이트생은 경찰을 불렀다. 손님은 모욕죄로 기소되어 재판에 넘겨졌고 1심에서 모욕죄가 인정되어 벌금 50만

원 형을 받았다. 손님은 불복하여 항소했지만 2022년 8월 항소
는 기각되었고, 원심 판결이 유지되어 50만 원 벌금형이 확정되
었다.[25]

반말로 인한 갈등은 폭언과 욕설, 폭행을 넘어 살인을 부르
기도 한다. 실제로 문화일보 2021년 7월 22일 자 기사는 우리
나라에서 벌어진 우발적 살인의 원인 대부분이 '반말'이었다고
분석했다.[26] 한국언론진흥재단에서 제공하고 있는 기사 검색
엔진인 빅카인즈를 이용해서 지난 10년간의 기사를 분석한 결
과, 우발적 살인 사건의 상당수가 반말을 했다는 이유로 발생
했다는 것이 확인되었다고 기사는 전한다. 기사에 따르면 '살인
피의자들은 자신의 존재 가치를 부정당했을 때 모멸감과 수치
심을 느끼고, 상대에게 적개심을 표출하며 끔찍한 범행을 저질
렀다'고 한다.

상대와 나와의 위계 관계가 언어적으로 바로 드러나는 한국
어의 특징은 이처럼 갈등의 씨앗이 되고 있다.

또, 말이 주는 이와 같은 '아랫사람', '윗사람' 의식 때문에 나
이가 많은 사람들이 나이가 어린 사람들을 존중하지 않는 경
향이 있는 것도 사실이다. 나이를 사람의 위계로 생각하게 하
는 한국어의 작동 원리에 대해 우리 모두 심각하게 성찰해야
한다. 앞서 말했듯이 신분제가 없어지면서 신분을 기준으로 결
정되던 말끝이 장유유서의 세계관으로 인해 나이를 기준으로

대체되었다. 그리고 그것이 지금까지 이어져 오고 있다.

나이가 많으면 존댓말을 들어야 할까

다행히도 점점 더 많은 사람이 말끝의 문법을 결정하는 데 가장 중요한 기준이 '나이'가 되어야 한다는 데 동의하지 않고 있다. 내 나이가 더 많다고 초면에 다짜고짜 반말을 하는 것은 무례하고 교양이 없는 일이라고 생각한다. 만약 앞서 살펴보았던 편의점 반말 사건이 20~30년 전에 일어났다면 지금과는 다른 판결이 내려졌을 수도 있다. 그만큼 우리 사회는 달라지고 있다.

신분제가 없어진 후에도 신분제의 꼬리는 남아 있었다. 반상의 구분이 없어졌지만 사람들의 머릿속에서 바로 지워지지는 않았다. 1930년대 신문 기사를 보면 양반이었던 사람이 상민이었던 사람에게 반말을 들었다는 이유로 집을 부수거나[27] 폭행을 가하는[28] 등의 사건이 있었다는 것을 확인할 수 있다. 지금 생각하면 어이가 없는 노릇이지만 당시에는 신분이 상대 높임을 결정하는 무엇보다 중요한 기준이었으니 양반이었던 사람 입장에서는 꽤나 심각한 문제였을 수도 있다.

나이도 마찬가지다. 나이의 많고 적음이 사람의 위아래를 결정한다는 생각이 높임법의 선택에서 나이를 중요한 기준이 되게 했다. 이것이 매일매일의 언어 사용을 통해 사람들의 생각을 지배하고 있는 것도 사실이다.

하지만 나이가 많으면 존댓말을 들어야 하고, 나이가 어리면 반말을 들어야 하는 논리적인 이유는 존재하지 않는다. 더욱이 평등을 중요한 가치로 생각하는 대한민국에서 나이가 많은 사람과 나이가 어린 사람이 서로 위아래의 관계에 있다고 생각하는 것은 부적절하다. 그보다 애초에 사람의 위아래를 설정하는 것 자체가 적절하지 않다.

따라서 앞으로의 높임법은 나이로 사람의 위아래를 따지던 과거를 청산하고 다른 기준으로 높임법을 선택하게 할 것이다. 그것은 친소 관계일 수도 있고, 발화 상황일 수도 있다. 상대의 나이, 지위 등과 무관하게 친한 사람 사이에서는 반말이, 거리감이 있는 사람 사이에서는 존댓말이 선택되거나, 공적인 자리에서는 존댓말이, 사적인 자리에서는 반말이 사용되는 것처럼 말이다.

불쾌한 반말에는
공손한 존댓말로

아르바이트를 해 본 2030세대의 대부분은 갑질 손님을 경험했으며, 대표적인 갑질 유형은 "야, 이거 줘", "어이 이거 얼마야?"와 같은 손님의 반말이라고 입을 모은다. 아르바이트생들의 인터뷰를 보면 대체로 '나이가 지긋하신' 분들이 다짜고짜 반말을 하는 경우가 많다고 한다.

인터넷을 찾아보면 이런 갑질 손님을 반말로 응징하거나 소위 '참교육'을 하는 영상이 보이기도 한다. 하지만 반말에 반말로 바로 응대하는 것은 올바른 해결책이라고 할 수 없다. 상대와의 싸움을 각오해야 하기 때문이다. 하지만 더 근본적인 문제는 나 또한 초면에 반말을 하는 무례한 사람이 되어 버린다는 점이다. 상대가 무례한 사람이라 싫은 건데, 나도 무례한 사람이 되어 버린다면 상대의 무례 때문에 잃는 것이 너무 많아진다.

하지만 만약 상대에게 꼭 반말을 해서 깨달음을 주고 싶다면 다음과 같은 방법을 사용해 볼 것을 권한다.

상대가 반말을 하면 최대한 공손한 말투와 표정과 동작으로 다음과 같이 묻는다.

"저, 정말 궁금해서 여쭙는데요, 왜 제게 반말을 하셨는지요?"

"왜 반말하세요?"는 싸움을 부르는 말이기 때문에 이런 질문을 하는 이유를 먼저 꼭 설명해야 하고, 최대한 공손한 태도를 유지해야 한다. 상대는 이렇게 답할 것이다. "손주 같아서", "딸(아들) 같아서", "조카 같아서", "동생 같아서" 등등.

이런 말을 들었다면 이제부터는 편하게 반말을 해도 된다. 상대가 내게 반말을 해도 좋은 이유를 주었기 때문이다. 그런데 만약 상대가 나의 반말에 항의한다면 역시 최대한 공손한 태도로, 존댓말로 말을 바꿔 다음과 같이 답하면 된다.

"아, 손님, 저는 손님께서 제가 딸 같아서 반말을 했다시기에 제게도 엄마(아빠)라고 생각하고 말을 편하게 하라시는 줄 알고 반말로 말씀을 드렸습니다. 저는 부모님과 반말을 하거든요. 그런데 손님께서는 저를 딸처럼 생각해서 반말을 하신 게 아닌가 봅니다. 죄송합니다."

최대한 평온한 태도로 이렇게 말하며 상황을 종료한다. 상식적인 사람이라면 이 말에 깨달음을 얻게 될 것이다. 그런데 만약 깨닫기는커녕 화를 낸다면? 그런 사람과는 더 이상 상대를 하지 않는 것이 좋다. 어차피 이 과정을 시작한 이유가 상대에게 가르침을 주고자 한 것이 아닌가? 상대가 배우려고 하지 않는다면 이런 수고가 무슨 소용일까? 어쩌면 애초부터 다짜고짜 반말을 하는 사람을 교화시키겠다고 생각한 것 자체가 잘못인지도 모른다.

왜 '싸가지 없는 어른'은 없을까

사실 한국어에는 존댓말, 반말뿐 아니라 연령 권력 의식을 담고 있는 단어들이 꽤 많이 존재한다. 대표적인 단어가 바로 '말대꾸'다.

말대꾸는 보통 '하지 마'와 함께 쓰인다. 그런데 말대꾸는 누가 누구에게 하지 말아야 하는가? 말대꾸인지 아닌지를 결정하는 사람은 누구인가? 그리고 이 말은 어떤 맥락에서 사용되고 있는가?

이에 대한 답을 찾다 보면 이 말이 권력(연령 권력을 포함하여)의 비대칭을 드러내는 말임을 알 수 있다. 대체로 말대꾸는 연령 권력을 포함하여 권력이 큰 사람이 권력이 작은 사람에게 일방적으로 쓸 수 있는 표현이다. 일반적으로 권력이 작은 사람이 권력이 큰 사람에게는 사용할 수 없다. 그래서 '말대꾸'는 '하지 마'와 같은 반말과는 어울리지만, '하지 마세요' 혹은 '하지 마십시오'와 같은 존댓말과는 어울리지 못한다.

만약 권력이 작은 사람이 권력이 큰 사람에게 '말대꾸하지 마세요' 혹은 '말대꾸하지 마십시오'라고 말한다면 그것은 관계의 종말을 가져오는 그야말로 '폭탄선언'이 된다. 이 말은 지금까지의 권력관계를 역전시키겠다는 뜻이고, 앞으로 당신의 권력을 인정하지 않겠다는 뜻이기 때문이다.

말대꾸의 뜻풀이를 잘 들여다보면 '말대꾸하지 마'라는 말이 어떤 생각을 담고 있는지를 확인할 수 있다. 표준국어대사전에 실린 말대꾸의 뜻풀이를 확인해 보자.

남의 말을 듣고 그대로 받아들이지 아니하고 그 자리에서 제 의사를 나타냄. 또는 그 말.

이를 통해 우리는 '말대꾸하지 마'가 다음과 같은 생각을 담고 있음을 확인할 수 있다.

• 말대꾸란 나이가 어리거나 권력이 작은 사람이 나이가 많

거나 권력이 큰 사람에게 하지 말아야 하는 것이다.

- 나이가 많거나 권력이 큰 사람의 말을 들으면 나이가 어리거나 권력이 작은 사람은 그 말을 그대로 받아들여야 한다.
- 나이가 어리거나 권력이 작은 사람은 그 자리에서 자신의 의사를 나타내서는 안 된다.

결국 '말대꾸하지 마'라는 말은 나이가 많거나 권력이 큰 사람이 말하면, 나이가 어리거나 권력이 작은 사람은 자신의 뜻과 달라도 그 자리에서 자신의 의사를 말하지 말아야 한다고 가르치고 있었던 것이다.

평등의 가치를 훼손하는 표현들

그래서 말대꾸를 하면 '건방지고, 깨씸하고, 당돌하고, 버릇없고, 되바라지고, 싸가지 없고, 예의가 없다'는 평가를 받게 된다. 사실은 이 말들 역시 권력의 비대칭을 드러내고 있다. 각 단어의 뜻풀이를 보자.

- **건방지다**: 잘난 체하거나 남을 낮추어 보듯이 행동하는 데가 있다.

- **괘씸하다:** 남에게 예절이나 신의에 어긋난 짓을 당하여 분하고 밉살스럽다.
- **당돌하다:** 윗사람에게 대하는 것이 버릇이 없고 주제넘다.
- **되바라지다:** 어린 나이에 어수룩한 데가 없고 얄밉도록 지나치게 똑똑하다.
- **버릇없다:** 어른이나 남 앞에서 마땅히 지켜야 할 예의가 없다.
- **싸가지:** 1. '싹수'의 방언(강원, 전남)
  2. (방언) 사람에 대한 예의나 배려를 속되게 이르는 말. 또는 그러한 예의나 배려가 없는 사람을 속되게 이르는 말
- **예의:** 존경의 뜻을 표하기 위하여 예로써 나타내는 말투와 몸가짐

이 단어들은 모두 나이가 많거나 권력이 큰 사람이 나이가 어리거나 권력이 작은 사람에게 일방적으로 사용할 수 있는 말이다. 그래서 '건방지세요, 괘씸하세요, 당돌하세요, 되바라지셨어요, 버릇없으세요, 싸가지 없으세요, 예의가 없으세요'와 같이 존댓말과 어울리지 못한다. 사실 나이가 많은 사람이 늘 '건방지지 않고, 괘씸하지 않고, 당돌하지 않고, 되바라지지 않고, 버릇없지 않고, 싸가지 없지 않고, 예의가 없지 않은' 것도 아니지만 이런 말들은 모두 나이가 같거나 많은 사람이 나이가 같

거나 적은 사람에게만 할 수 있는 말이다.

또한 이 말들은 나이가 많고 권력이 큰 사람이 나이가 어리고 권력이 작은 사람을 한 방에 날려 버리는 평가 표현으로 쓰이기도 한다. "그 사람 어때?"라는 질문에 "싸가지 없어"라고 하면 더 이상의 평가는 필요하지 않다는 뜻이 된다. 그래서 하급자들은 상급자들로부터 '싸가지 없다'는 소리를 들을까 봐 두려워한다.

또, 이 말들을 통해 나이가 많거나 권력이 큰 사람이 나이가 어리거나 권력이 작은 사람에게 기대하는 바가, '자신의 말에 순종하고 자신에게 공손한 태도를 갖추며 자신을 존경하는 것'임을 알 수 있다. 이 말들이 알려 주는 아랫사람의 도리는 윗사람의 의견을 고분고분 따르고, 잘난 체하지 말고, 윗사람에게 깍듯하고 주제넘지 말고, 너무 똑똑하지도 말고, 늘 공손하고 존경의 태도를 윗사람에게 취해야 하는 것이기 때문이다.

뜯어보니 더더욱 평등의 가치를 훼손하는 표현이라는 생각이 든다. 예의 있고 공손하고 존중하는 태도는 나이나 권력의 크기와 무관하게 누구에게나 취해야 할 태도인데, 이 태도가 한쪽에만 요구되는 일방통행적 성격을 갖는다면 그것은 우리가 지향하는 바가 아니다.

열린 토론, 열린 회의의 장을 원한다면

비대칭적인 권력관계가 드러나는 이런 표현들이 우리의 일상을 지배하고 있는 상황에서 어른 혹은 상급자와 다른 생각이나 의견을 그 자리에서 말하는 것은 말대꾸를 하는 것이 될 수 있으니 당연히 부정적인 평가를 각오해야 한다. 부담스러울 수밖에 없다. 그러니 이런 수직적인 위계 관계가 설정된 표현이 존재하는 한, 토론과 대화는 활발히 이루어지기 어렵다.

토론에서는 논점에 집중해야지 상대의 예의를 지적해서는 안 된다. 서로 다른 의견을 교환하며 서로의 견해에 대해 언급하는 것이 토론이다. 그 말을 하는 상대의 태도에 대해 언급하는 것은 토론이 아니다. 그런데 우리의 토론을 지켜보면 한숨이 나온다. 심지어 대선 토론에서조차 토론자로 나선 후보들이 서로의 예의나 태도를 지적하는 경우를 왕왕 볼 수 있다. 우리 토론 문화의 현주소라고 할 수 있다.

회의에서도 마찬가지다. 의견이 아니라 태도를 문제 삼는 발언을 서슴지 않는 자칭 '윗사람'을 자주 목격한다. 그는 이런 말을 통해 "내가 네 윗사람이다!"라고 선언하며 상대를 찍어 누르려 한다. 윗사람으로서 상대의 태도를 교정하여 교화시키기 위한 것이 아니라 전적으로 자신을 방어하고 상대를 공격하기 위함이다. 이처럼 상대의 태도에 대한 평가를 토론이나 회의 중에 말로 하는 것은 부적절하고 못난 일이다. 다른 참여자의 태도를 평가하는 말을 공식적으로 할 자격은 토론이나 회의의 참여자 누구에게도 없다. 굳이 평가가 하고 싶다면 마음속으로 할 일이다.

만약, 토론이나 회의 중에 특정인의 발언 태도에 문제가 있다고 느껴서 그 사람의 성장을 위해 꼭 가르침을 주어야겠다는 생각이 든다면 어떻게 해야 할까? 회의와 토론이 끝나고 따로 둘이 만나서 미움받을 용기를 가지고 상대의 문제점을 이야기해 주고 개선점을 구체적으로 짚어 주면 된다. 그럴 능력도, 에너지도, 용기도 없다면 태도 평가는 마음속으로만 해야 한다.

'윗사람'이 아니라 '더 어른'

존댓말과 반말이 존재하고, 나이가 상대 높임의 선택에서 가장 중요한 기준인 현재의 한국어 문법을 하루아침에 바꿀 수는 없다. 하지만 언어에 담긴 과거의 세계관이 과연 지금도 유효한지에 대해서는 지속적으로 질문하고 성찰해야 한다.

아울러 다른 관점으로 한국어의 높임법을 바라보는 것도 좋은 성찰의 기회가 되지 않을까 생각한다. 존댓말을 다른 관점에서 바라보는 것이다. 일례로 존댓말을 들을 때 자신을 상대보다 '윗사람'이 아닌 '더 어른'이라고 생각하면 어떨까? 존댓말을 듣는 사람이 존댓말을 하는 사람보다 더 어른이라면 그만큼 더 어른스러워야 하는 것은 당연하다. 존댓말을 쓰는 상대가 존댓말을 통해 내게 말하는 것은, '당신이 더 어른이니 더 어른스럽게 행동해 주십시오'라는 요구라고 생각하는 것이다.

그러니 만약 상대가 당신에게 존댓말을 써 주지 않는다면 그것은 상대가 당신보다 자신이 더 어른스럽다고 판단했기 때문인 것이다. 그런데 만약 그 상대의 말과 행동이 나보다 어른스럽지 못하다면 그것은 상대가 자신에 대한 이해가 부족한, 미성숙한 사람이라는 뜻이 될 것이다. 미성숙한 사람에게 왜 미성숙한 판단을 했냐고 따지는 일이야말로 미성숙한 일이니 반말을 들었다고 화를 낼 이유도 없을 것이다.

이런 관점에서 존댓말을 바라본다면 말 습관이 정말 많이 달라질 것이다. 상대보다 더 어른스럽게 행동할 자신이 없다면 상대에게 반말을 쓰지 않게 될 테니 말이다. 또 같은 이유로 상대에게 존댓말을 요구하지도 않을 것이다. 이 새로운 관점에서 존댓말이란, 존댓말을 듣는 내가 존댓말을 하는 대화 상대자보다 더 어른스러워야 한다는 사실을 매 순간 깨닫기 위해 마련된 언어적 장치이기 때문이다.

존댓말의 기능을 이렇게 이해한다면 존댓말과 반말로 빚어지는 갈등은 대부분 자연스럽게 해결될 수 있을지도 모른다.

또한 대화 상대자로부터 반말을 듣는 편이 더 속 편하다는 생각을 하게 될지도 모른다. 존댓말을 들으며 상대보다 더 어른스럽게 행동하는 것이 반말을 들으며 상대보다 덜 어른스럽게 행동하는 것보다 훨씬 더 어렵고 짐스러운 일이기 때문이다.

만약 우리 모두가 존댓말의 기능을 이렇게 새로운 관점으로 이해하게 된다면 반말의 사용은 훨씬 축소되고 존댓말의 사용은 훨씬 확대될 것이다. 그리고 자연스럽게 존댓말로의 통일이 이루어지지 않을까 생각해 본다.

다양한 계급이 존재하던 시대에 만들어진 언어의 전통이 현재 우리가 추구하는 가치와 맞지 않다면 언어를 바꾸어야 할까, 우리가 추구하는 가치를 바꾸어야 할까? 존댓말 반말의 갈등을 바라보며 질문을 던져야 한다.

높임법이 요구하는 어른의 어른되기

우리는 아이들을 만나면 자주 묻는다. 나중에 커서 어떤 어른
이 되고 싶냐고. 사실 이 질문은 우리도 어린 시절에 자주 들었
던 질문이다. 그런데 일정 연령이 지나고 난 후에는 누구도 우리
에게 이런 질문을 하지 않는다. 이미 어른이 되었다고 생각하기
때문이다.

우리는 일정한 연령이 지나면 어른이 되고, 일단 어른이 되면
그 상태가 유지된다고 생각한다. 이 생각은 '어른'이라는 단어의
뜻에 고스란히 담겨 있다. 표준국어대사전에서는 이 말을 '다 자
란 사람 또는 다 자라서 자기 일에 책임을 질 수 있는 사람'이라고
정의하고 있다. 즉, 어른이란 성장이 완료되어 더 이상 성장하지
않는 사람을 의미한다. 이처럼 '어른'은 상대적인 개념이 아니라 절
대적인 개념을 지닌 단어다. 그래서 일단 어른이 되고 난 후에는
어른이 된 사람들끼리 누가 더 어른이고 누가 덜 어른이라는 비교
는 가능하지 않다. 모두 똑같은 어른일 뿐이다.

하지만 '어른'이라는 단어가 사용되는 문맥을 잘 살펴보면 꼭 그렇지만은 않은 것 같다. 누가 누구보다 더 어른이라고 비교하여 말하는 일이 우리에게는 크게 낯설지 않으니 말이다. 일정 연령에 도달한 사람이라면 모두 어른이라고 부르기는 하지만, 우리는 가끔 '누가 더 어른이야?'라고 묻기도 하고, 또 어른인 A와 B에 대해 'A가 B보다 어른이다'라는 표현도 쓴다. 이런 표현이 가능하다는 것은 우리가 어른을 상대적인 개념으로도 이해하고 있음을 말해 준다.

이처럼 한국어에서 '어른'은 절대적인 개념으로도 상대적인 개념으로도 사용되고 있다. 사실, 어른을 상대적인 개념으로 사용하는 것은 한국어가 가지고 있는 특징과 관련이 있다. 바로 한국어에 발달되어 있는 높임법이 그것이다.

어른과 아이가 말을 한다면 어른됨을 비교하여 어른은 반말을, 아이는 존댓말을 사용한다. 어른과 어른이 말을 한다면 처음에는 상호 존댓말을 쓰지만 이후 두 어른은 서로 어른됨을 비교해서 더 어른인 사람이 반말을, 덜 어른인 사람이 존댓말을 사용한다.

이처럼 한국어 높임말의 작동 원리는 서로의 어른됨을 비교하여 그 결과를 언어에 반영하는 것이다. 이때 어른됨의 비교 기준 중 중요한 것이 바로 '나이'다. 이는 한국어 사용자들이 나이와 어른됨이 정비례 관계에 있다고 믿고, 또 그럴 거라고 기대하고 있음을 반영한다.

한국어 높임법이 세대 간 소통을 어렵게 만든다는 것은 부인할 수 없는 사실이다. 그렇다고 높임법을 하루아침에 없앨 수도 없는 노릇이다.

그런데 여기서 잘 생각해 볼 문제가 있다. 과연 높임법이 문제인지 높임법을 사용하는 사람들이 문제인지 말이다. 만약 한국어의 높임법이 서로의 어른됨을 따져서 상대적으로 더 어른인 사람은 반말을, 상대적으로 덜 어른인 사람은 존댓말을 쓴다는 사실을 우리가 정확하게 인식한다면 높임말을 대하는 우리의 자세는 달라질 것이다.

또 한국어 높임법이 말하는 사람과 듣는 사람 사이의 어른됨의 정도를 서로 확인시켜 준다고 이해한다면, 현재의 높임범이 세대 간 소통을 가로막는 것으로 기능하지는 않을 것이다. 존댓말을 듣는 사람이, 내가 더 어른이므로 더 어른답게 상대를 수용할 수 있어야 한다고 지속적으로 생각한다고 가정해 보자. 그렇게 된다면 반말을 듣는 사람이 존댓말을 듣는 사람과의 소통을 특별히 부담스러워하지 않을 것이다.

결국 문제는 높임말 그 자체가 아니라 반말을 쓰고 존댓말을 듣는 사람이 어른인가 꼰대인가에 있었던 것이다. 한국어의 높임법은 결코 아랫사람의 아랫사람되기를 요구하는 것이 아니다. 어른의 어른되기를 요구하는 것이다.

싸움을 부르는 질문 "왜 반말하세요?"

상대의 반말이 불쾌하게 느껴질 때 우리 마음속에 등장하는 질문이 있다. '왜 반말하세요?'. 한국어 사용자라면 누구나 한 번쯤은 마음속으로 했을 법한 질문이다.

정말 흥미로운 질문이다. '싸움을 부르는 질문'이기 때문이다. 이질문은 아무리 부드러운 말투로 해도 상대를 곤란하게 만들고 상대를 자극하여 싸움을 시작하게 한다. 의도가 있지 않다면 초면인 상대와 싸우고 싶은 사람은 없을 것이다. 그런데도 왜 그런 위험을 감수하면서까지 상대에게 반말로 말을 걸까?

그런데 잘 생각해 보면 '위험을 감수하면서까지'라는 전제 자체가 잘못이다. 위험을 감수한 적이 없으니 말이다. 반말을 듣고 "왜 반말하세요?"라는 질문을 입 밖으로 꺼낼 수 있는 사람들에게는 애초에 반말로 말을 걸지 않는다. 그 질문으로 자신이 곤란해지고 급기야 초면인 상대와 싸움을 해야 하는 상황에 놓일 수 있음을 알기 때문이다. 즉, 위험을 감수해야 한다는 것을 알기 때문이다.

결국 반말을 하는 사람은 그런 위험을 감수할 필요가 없다고 생각되는 사람에게만 반말을 한다. 즉, "왜 반말하세요?"라는 말을 입 밖으로 감히 꺼내지 못할 거라고 생각되는 사람들, 설사 그 질문을 입 밖으로 꺼낸다고 해도 충분히 제압이 가능하다고 생각되는 사람들, 이런 사람들에게 반말을 하는 셈이다.

세상에는 초면에 반말을 들어 마땅한 사람도, 초면에 반말을 할 권리를 가진 사람도 없다. 하지만 우리 사회에는 아직도 초면에 반말을 하는 사람도, 그 반말을 듣는 사람도 분명히 존재한다. 초면에 자주 반말을 듣는 사람들이 누구인지를 확인하면 우리 사회의 약자가 누구인지, 누가 차별을 받고 있는지, 인권의 사각지대가 어디에 있는지를 확인할 수 있다. 여성이 남성보다, 장애인이 비장애인보다, 외국인이 내국인보다, 아동이나 청소년들이 성인보다 훨씬 더 자주 초면에 반말을 듣는다. 우리 사회가 여성, 장애인, 외국인, 아동이나 청소년의 인권 문제에 더 관심을 가져야 한다는 것이 언어를 통해 확인된다.

정말, 언어는 인간의 모든 것에 대한 모든 것이다.

1) 인구총조사, 통계청, https://www.index.go.kr/unity/potal/indicator/IndexInfo.
   do?cdNo=2&clasCd=2&idxCd=4229

2) 장래가구추계: 2020~2050년, 통계청, https://eiec.kdi.re.kr/policy/materialView.
   do?num=227375&topic=

3) 생명표, 통계청, https://www.index.go.kr/unify/idx-info.do?idxCd=8016

4) 우해봉(2022). 인구통계 모니터링을 위한 연보 작성 시범 사업. 한국보건사회연
   구원.

5) 우해봉, 장인수, 정희선(2021). 한국의 사망력 변천과 사망 불평등: 진단과 과제.
   한국보건사회연구원.

6) '20세 셋 중 한 명, 50세 일곱 중 한 명, 100살까지 산다', 조선일보(2020. 10. 13.)

7) '내가 100살까지 살 확률은? 여기를 클릭', 조선일보(2020. 10. 13.)
   https://www.chosun.com/national/2020/10/13/SCOHQAYXQNDSLFRDKG
   BX3UQ2RI/ 이 사이트를 방문하여 프로그램에 자신이 태어난 연도와 성별,
   이름, 생존 확률을 계산하고자 하는 나이를 적어 넣으면 '몇 세 누구 님이 몇 세
   까지 살 확률은 몇 %입니다'라는 문구와 함께 다른 연령의 생존 확률 추계 결과
   도 그래프로 알려 준다.

8) 김혜령(2020). "담화표지 '아니'의 의미 분석: 라디오 시사 프로그램의 인터뷰 담
   화를 중심으로". Journal of Korean Culture 48. 7-36.

9) 서승제 의원(열린우리당, 동작 제4선거구) 2003년 12월 1일 시정질문 요지. 해당
   문서에 기반하되 일부 잘못된 숫자는 제시된 자료를 바탕으로 오류를 바로잡아
   실었음.

10) "'아줌마' 말에 격분, '죽전역 칼부림' 30대女 징역 8년형 중형… 왜?', 헤럴드경제(2023. 09. 21.)

11) '야구방망이 들고 찾아온 전 동료… 7개월 전 갈등에 돌연 행패', YTN(2023. 04. 30.)

12) '화를 부르는 호칭 '아줌마'… 조심하라, 60대도 발끈한다', 조선일보(2023. 04. 29.)

13) '世相 이렇습니다 裏窓을 통해 본 職業의 實像 〈264〉 낚시꾼(9) 몽땅 社長(사장)님', 경향신문(1979. 11. 21.)

14) '社長은 야누스인가', 동아일보(1983. 12. 16.)

15) '한국인 診斷(진단) 〈7〉 「呼稱인플레」 심하다', 동아일보(1990. 02. 19.)

16) 더 자세한 것은 https://wals.info/chapter/45를 참조할 수 있다.

17) 물론, 부부 사이에서 사용하는 '당신'은 이 범주에 속하지 않는다. 부부 사이에서 상대방을 의미하는 '당신'은 배우자인 상대편을 높여 이르는 2인칭 대명사로, 지금 우리가 이야기하고 있는 '당신'과는 다른 당신이다. 아울러 불특정 다수를 칭하는 2인칭 대명사 당신은 특정한 대화 상대자를 칭하는 당신과는 달리 존중의 의미를 갖는다. 한편, 한국어에는 3인칭의 당신도 존재하는데 이 경우에는 극존칭의 의미를 갖는다.

18) 박정운·채서영(1999). "2인칭 여성 대명사 자기의 발달과 사용". 사회언어학 7권 1호. 151-178.

19) '70 年代式 女性(11) 남편 呼稱은 "자기"', 동아일보(1978. 01. 14.)

20) 'TV劇저속한 表現 많다', 동아일보(1979. 11. 01.)

21) '6살 아이들이 처음 만나면 하는 말', ODG, https://www.youtube.com/watch?v=evRqvwLR368

22) '6살과 10살이 처음 만나면 하는 말', ODG, https://www.youtube.com/watch?v=nHUOeYgzFFg

23) '대통령님, 한국식 나이 셈법 없애주세요!', 한겨레(2018. 02. 15.)

24) '만 나이 통일' 관련 국민생각함 국민의견조사 결과, 법제처, https://www.moleg.go.kr/board.es?mid=a10501000000&bid=0048&list_no=248371&act=view&nPage=1

25) '"반말에는 반말로"⋯ MZ 알바의 '진상 손님' 대처법?', KBS뉴스 취재K(2022. 08. 31.)

26) '"날 깔봤다"⋯ 우발적 살인 이유는 대부분 '반말'이었다', 문화일보(2021. 07. 22.)

27) '兩班 보고 반말햇다고 四十餘名이 作黨코 棍棒으로 집을 문허', 매일신보 (1930. 09. 12.)

28) '封建思想餘弊로 村婦間에 流血劇' 朝鮮中央日報(1935. 09. 13)

신지영 교수의 언어감수성 수업
관계의 거리를 좁히는 말하기의 힘

초판 1쇄 2024년 5월 31일

지은이 | 신지영

발행인 | 문태진
본부장 | 서금선
책임편집 | 한성수   편집 1팀 | 송현경 유진영

기획편집팀 | 임은선 임선아 허문선 최지인 이준환 송은하 송현경 이은지 유진영 장서원 원지연
마케팅팀 | 김동준 이재성 박병국 문무현 김윤희 김은지 이지현 조용환 전지혜
디자인팀 | 김현철 손성규   저작권팀 | 정선주
경영지원팀 | 노강희 윤현성 정헌준 조샘 이지연 조희연 김기현
강연팀 | 장진항 조은빛 신유리 김수연

펴낸곳 | ㈜인플루엔셜
출판신고 | 2012년 5월 18일 제300-2012-1043호
주소 | (06619) 서울특별시 서초구 서초대로 398 BnK디지털타워 11층
전화 | 02)720-1034(기획편집) 02)720-1024(마케팅) 02)720-1042(강연섭외)
팩스 | 02)720-1043   전자우편 | books@influential.co.kr
홈페이지 | www.influential.co.kr

ⓒ 신지영, 2024

ISBN   979-11-6834-198-2   (03700)